BestMasters

Mit „BestMasters" zeichnet Springer die besten Masterarbeiten aus, die an renommierten Hochschulen in Deutschland, Österreich und der Schweiz entstanden sind. Die mit Höchstnote ausgezeichneten Arbeiten wurden durch Gutachter zur Veröffentlichung empfohlen und behandeln aktuelle Themen aus unterschiedlichen Fachgebieten der Naturwissenschaften, Psychologie, Technik und Wirtschaftswissenschaften. Die Reihe wendet sich an Praktiker und Wissenschaftler gleichermaßen und soll insbesondere auch Nachwuchswissenschaftlern Orientierung geben.

Springer awards "BestMasters" to the best master's theses which have been completed at renowned Universities in Germany, Austria, and Switzerland. The studies received highest marks and were recommended for publication by supervisors. They address current issues from various fields of research in natural sciences, psychology, technology, and economics. The series addresses practitioners as well as scientists and, in particular, offers guidance for early stage researchers.

Katja Kiefer

Dialog als Erfolgsfaktor in der Akzeptanzforschung

Herausforderungen und Potentiale der Bürgerbeteiligung

Springer

Katja Kiefer
Köln, Deutschland

ISSN 2625-3577 ISSN 2625-3615 (electronic)
BestMasters
ISBN 978-3-658-43587-5 ISBN 978-3-658-43588-2 (eBook)
https://doi.org/10.1007/978-3-658-43588-2

Die Deutsche Nationalbibliothek verzeichnet diese Publikation in der Deutschen Nationalbibliografie; detaillierte bibliografische Daten sind im Internet über http://dnb.d-nb.de abrufbar.

© Der/die Herausgeber bzw. der/die Autor(en), exklusiv lizenziert an Springer Fachmedien Wiesbaden GmbH, ein Teil von Springer Nature 2023

Das Werk einschließlich aller seiner Teile ist urheberrechtlich geschützt. Jede Verwertung, die nicht ausdrücklich vom Urheberrechtsgesetz zugelassen ist, bedarf der vorherigen Zustimmung des Verlags. Das gilt insbesondere für Vervielfältigungen, Bearbeitungen, Übersetzungen, Mikroverfilmungen und die Einspeicherung und Verarbeitung in elektronischen Systemen.
Die Wiedergabe von allgemein beschreibenden Bezeichnungen, Marken, Unternehmensnamen etc. in diesem Werk bedeutet nicht, dass diese frei durch jedermann benutzt werden dürfen. Die Berechtigung zur Benutzung unterliegt, auch ohne gesonderten Hinweis hierzu, den Regeln des Markenrechts. Die Rechte des jeweiligen Zeicheninhabers sind zu beachten.
Der Verlag, die Autoren und die Herausgeber gehen davon aus, dass die Angaben und Informationen in diesem Werk zum Zeitpunkt der Veröffentlichung vollständig und korrekt sind. Weder der Verlag noch die Autoren oder die Herausgeber übernehmen, ausdrücklich oder implizit, Gewähr für den Inhalt des Werkes, etwaige Fehler oder Äußerungen. Der Verlag bleibt im Hinblick auf geografische Zuordnungen und Gebietsbezeichnungen in veröffentlichten Karten und Institutionsadressen neutral.

Springer ist ein Imprint der eingetragenen Gesellschaft Springer Fachmedien Wiesbaden GmbH und ist ein Teil von Springer Nature.
Die Anschrift der Gesellschaft ist: Abraham-Lincoln-Str. 46, 65189 Wiesbaden, Germany

Das Papier dieses Produkts ist recyclebar.

Kurzzusammenfassung

Die internationale Staatengemeinschaft hat im Jahr 2015 im Rahmen des Pariser Klimaschutzabkommens beschlossen den menschgemachten Klimawandel und die damit einhergehende Erderwärmung auf 1,5°C zu beschränken. Deutschland hat sich diesem Ziel verpflichtet. Die Etablierung erneuerbarer Energien ist die Grundlage dafür. Die Energietransformation nimmt Einfluss auf das Erscheinungsbild der Bundesrepublik und verändert die Lebenswelt vieler Bürger*innen.

Der Begriff Akzeptanz widmet sich der Frage, welche sozialen Dimensionen die Energietransformation umfasst. Die Akzeptanzforschung will dabei Einflussfaktoren konzeptionell erfassen und Voraussetzungen für eine erfolgreiche Implementierung von Energiesystemen beschreiben. Die Transformation erfordert die Beteiligung unterschiedlichster Stakeholder. Trotz der Einigkeit über den Sinn der Beteiligung von Bürger*innen an politischen Entscheidungen, gibt es bezüglich der Umsetzung Unklarheiten.

Die Intention der vorliegenden Masterarbeit ist es daher, die Qualität von informellen Bürgerbeteiligungsprozessen empirisch zu analysieren. Mittels einer qualitativen Befragung von Beteiligungsexpert*innen, Gemeindevertreter*innen und Bürger*innen zweier Gemeinden in der Eifel werden dazu aktuelle Herausforderungen, Defizite und Verbesserungspotentiale aus Praxissicht erforscht.

Die Ergebnisse zeigen, dass bereits im Vorfeld Spannungsfelder in den Gemeinden existieren, die negativ auf die Akzeptanz von aktuellen Windkraftvorhaben einwirken. Insgesamt besteht auf Seiten der Bürger*innen vor allem ein großes Informations- und Transparenzdefizit. Auch die Rahmenbedingungen für informelle Beteiligungsprozesse sind nicht immer ideal. Teilweise mangelt es in den Kommunen an einer Kultur der Beteiligung und der vielfältige Nutzen von Beteiligung wird von den Gemeinden nicht vollumfänglich erkannt. Zudem ist in informellen Beteiligungsprozessen der Gestaltungsspielraum und die spätere

Einbindung der Ergebnisse in den Entscheidungsprozess oft nicht ausreichend klar definiert. Diese Defizite führen dazu, dass das Instrument der Beteiligung selbst an Akzeptanz einbüßen kann. Ein erstelltes Wirkmodell fasst abschließend alle akzeptanzmindernden Faktoren zusammen und verdeutlicht, wie diese auf lange Sicht auch das Vertrauen in das politische System mindern können. Handlungsoptionen zeigen final Möglichkeiten auf, den bestehenden Defiziten entgegenzuwirken, um den notwendigen Dialog zu stärken.

Abstract

In 2015, the international community agreed to limit man-made climate change and the associated global warming to a total of 1.5 °C, as part of the Paris Climate Agreement. Germany has committed itself to this goal. The further development of renewable energies is the lever with which this is to be achieved. The resulting energy transformation influences the visual appearance of the Federal Republic and changes the living environment of many citizens.

The term "acceptance" raises the question of which social dimensions the energy transformation encompasses. Acceptance research aims at conceptualizing influencing factors and studies the prerequisites for a successful implementation of energy systems. The transformation requires the participation of a wide range of stakeholders. Despite widespread agreement on the importance of citizen participation in political decision-making processes, there are ambiguities with regard to its implementation.

The intention of this master thesis is to empirically analyze the quality of informal citizen participation processes. By means of qualitative research with participation experts, as well as community representatives and citizens of two communities in the Eifel, current challenges, deficits, and potentials for improvement are explored from a practical point of view.

The results demonstrate pre-existing tensions within the communities, which have a negative effect on the acceptance of current wind power projects. Overall, there is a great lack of information and transparency amongst the citizens under study. The framework conditions for informal participation processes are also not ideal. In some cases, the culture of participation is limited and the diverse benefits of participation have not been fully recognized in all municipalities. In informal participation processes themselves, the level of leeway and the subsequent integration of its results into the decision-making process are not clearly defined. These deficits mean that the instrument of participation itself can lose acceptance. A created effect model summarizes all factors that reduce acceptance and points out how these factors can also have a negative impact on the political system in the long run. To conclude, options for action are given to show ways to counteract the existing deficits to strengthen the needed dialogue.

Inhaltsverzeichnis

1 **Einleitung** 1
   1.1 Herausforderung der Klimaneutralität 1
   1.2 Problemstellung 2
   1.3 Zielsetzung und Forschungsfragen 4
   1.4 Struktur der Arbeit 6

2 **Klima- und Energiepolitik Deutschlands** 7

3 **Theoretische Grundlagen zu Beteiligung und Akzeptanz** 11
   3.1 Zum Beteiligungsverständnis 12
      3.1.1 Einblicke in die formelle und informelle Bürgerbeteiligung 12
      3.1.2 Partizipative und deliberative Demokratie 15
      3.1.3 Beteiligung im anwendungsbezogenen Kontext 16
      3.1.4 Kriterien guter Beteiligung 19
      3.1.5 Zur Beteiligungstiefe und damit verbundenen Herausforderungen 21
   3.2 Akzeptanzforschung in der Energietransformation 23
      3.2.1 Akzeptanz – eine Begriffseinordnung 23
      3.2.2 Dimensionen der Sozialen Akzeptanz 26
      3.2.3 Generelle Akzeptanzbedingungen 27
      3.2.4 Bedingungen der lokalen Akzeptanz von erneuerbaren Energien Anlagen 28
   3.3 Zum Verhältnis von Beteiligung und Akzeptanz 29

4 **Fallbeispiel Energiewende in der Eifel** 31
   4.1 Räumliche Verortung und Status Quo 31

4.2		Methodisches Vorgehen	32
	4.2.1	Empirische Basis – die Stichprobe	32
	4.2.2	Erhebungsinstrument und Durchführung	35
	4.2.3	Auswertung	43
4.3		Ergebnisse der empirischen Studie	43
	4.3.1	Windkraft und informelle Bürgerbeteiligung im Kontext des Systems	43
	4.3.2	Das wahrgenommene Potential von informeller Bürgerbeteiligung	50
	4.3.3	Herausforderungen und Defizite informeller Beteiligungsprozesse	52
	4.3.4	Implikationen für die Akzeptanz	60

5 Ausblick und Fazit 65
5.1 Handlungsoptionen für Gemeinden 65
5.2 Schlussfolgerungen und rechtlicher Ausblick 68
5.3 Erkenntnisse für nachfolgende Forschungsprojekte 71

Literaturverzeichnis 75

Abkürzungsverzeichnis

BauGB	Baugesetzbuch
BMWK	Bundesministerium für Wirtschaft und Klimaschutz (auch genutzt für die Bezeichnung des Ministeriums früherer Regierungen zuvor bekannt als Bundesministerium für Wirtschaft und Energie – BMWi).
IAPP	International Association of Public Participation
IASS	Institut für transformative Nachhaltigkeitsforschung
NRW	Nordrhein-Westfalen
OECD	Organisation for Economic Co-operation and Development
RLP	Rheinland-Pfalz
SWR	Südwestrundfunk

Abbildungsverzeichnis

Abbildung 1.1	Untersuchungsdesign	5
Abbildung 3.1	Überblick Modelle Beteiligungstiefe angelehnt an Prieto-Martin 2010	22
Abbildung 3.2	Akzeptanzdimensionen angelehnt an Zoellner et al. 2009	25
Abbildung 3.3	Dimensionen der sozialen Akzeptanz nach Wüstenhagen et al. (2007)	26
Abbildung 4.1	Stichprobe der empirischen Arbeit	33
Abbildung 4.2	Nutzen von dialogorientierter Beteiligung	52
Abbildung 4.3	Defizite Rahmenbedingungen Beteiligung	55
Abbildung 4.4	Defizite in Beteiligungsveranstaltungen	59
Abbildung 4.5	Wirkmodell Akzeptanz für durchgeführte Fallstudie	61

Tabellenverzeichnis

Tabelle 4.1　Übersicht Teilnehmende der Expert*innen-Interviews 37
Tabelle 4.2　Übersicht Interviews mit Bürger*innen 39
Tabelle 4.3　Übersicht Teilnehmende
　　　　　　Gemeindevertreter*innen-Interviews 42

Einleitung 1

1.1 Herausforderung der Klimaneutralität

Die internationale Staatengemeinschaft hat im Jahr 2015 im Rahmen des Pariser Klimaschutzabkommens beschlossen den menschgemachten Klimawandel und die damit einhergehende Erderwärmung auf 1,5 °C zu beschränken. Deutschland hat sich diesem Ziel durch Beitritt zum Pariser Abkommen zwar verpflichtet, läuft aber Gefahr seinen Beitrag zu verfehlen. Der Sachverständigenrat für Umweltfragen rechnet in seinem aktuellen Gutachten von 2020 vor, dass das Deutschland im Rahmen des 1,5 °C-Ziels zur Verfügung stehende CO_2-Budget im Jahr 2026 aufgebraucht sein wird (Umweltrat 2020, 52 f.). Das entspricht einem CO_2-Budget für Deutschland von 4,2 Gigatonnen CO_2 ab 2020, welches bei gleichbleibender Emission, um mindestens 0,64 Gigatonnen CO_2 jährlich schrumpft. Ein etwas optimistischerer Blick kommt bei der Berechnung linearer Reduktion der jährlichen Emissionen auf das Jahr 2032 (Umweltrat 2020, 52 f.). Nicht bedacht sind hier jedoch Zahlen von 2022, die sogar einen erneuten CO_2-Emissions-Anstieg von 4,5 % im Jahr 2021 ausweisen (Bundesministerium für Wirtschaft und Klimaschutz – BMWK 2022a).

Im Klimaschutzgesetz von 2019 verankerte die Bundesregierung das Ziel bis 2050 treibhausgasneutral zu sein (Bundesregierung 2019). Ein Beschluss, der von vielen Umweltorganisationen, auf Grund seiner zu wenig ambitionierten Ziele, als Verstoß gegen die Grundrechte kritisiert wurde. Organisationen wie der Bund für Umwelt und Naturschutz, Greenpeace und Fridays for Future reichten Klage ein (Zeit 2021). Das Bundesverfassungsgericht entschied im März 2021, dass das Klimaschutzgesetz in Teilen verfassungswidrig sei und legte fest, dass die Freiheitsrechte jüngerer Generationen stärker zu schützen seien (Bundesverfassungsgericht 2021). Ein Urteil mit Signalwirkung.

2045. So lautete das verschärfte Ziel der Bundesregierung nach dem Urteil. Fünf Jahre früher als bisher sollte die Treibhausgasneutralität erreicht werden. Statt um 55 Prozent sollten die CO_2-Emissionen bis 2030 gegenüber dem Jahr 1990 um 65 Prozent reduziert werden (Bundesregierung 2021a). Ein Anfang. Das Bundes-Klimaschutzgesetz teilt dabei die entstehenden Emissionen den folgenden sechs Sektoren zu: Energiewirtschaft, Industrie, Verkehr, Gebäude, Landwirtschaft und Abfallwirtschaft. Um die 30 Prozent des CO_2-Ausstoßes fallen im Sektor Energiewirtschaft an (Bundesministerium für Umwelt, Naturschutz und nukleare Sicherheit 2021, 11). Im Koalitionsvertrag von SPD, Bündnis 90 / Die Grünen und FDP ist festgelegt, dass Deutschland bis 2030 80 Prozent seines Strombedarfs über erneuerbare Energien abdecken soll, um so die erforderlichen Emissionseinsparungen erreichen zu können (BMWK 2022b). Im Jahr 2022 lag der Anteil bei fast 47 Prozent (Statistisches Bundesamt 2022). Die Abkehr von fossilen Brennstoffen ist die Grundlage für ein klimaneutrales Deutschland. Im Windenergiebereich sind seit dem Jahr 2000 rund 50 Gigawatt Leistung installiert worden. Bis zum Jahr 2030 sollen es 100 Gigawatt werden (Bundesverband Windenergie 2021; BMWK 2022b). Der Ausbau muss also grob doppelt so schnell erfolgen wie bisher und wird von der Regierung aktuell durch eine Vielzahl von Gesetzespaketen unterstützt. Die genannten Zahlen verdeutlichen vor welch gravierenden Herausforderungen Deutschland in den kommenden Jahren stehen wird. Für eine treibhausgasneutrale Gesellschaft sind daher grundlegende Veränderungen nötig.

1.2 Problemstellung

Die Transformation der Energiewirtschaft hin zur CO_2-Neutralität hat einen besonders großen Einfluss auf das Erscheinungsbild der Bundesrepublik. Windkraftanlagen müssen gebaut und Stromtrassen quer durchs Land gelegt werden. Deutschland ist eins der am dichtesten besiedelten Länder Europas. Die Lebenswelt vieler Bürger*innen bleibt daher nicht unberührt von dieser Veränderung des Erscheinungsbildes. Im Gegenteil, sie betrifft viele persönlich in ihrem unmittelbaren Umfeld. Im ersten Moment können Gefühle wie Angst, Bedrohung und Ablehnung gegenüber geplanten Maßnahmen entstehen. Mit 89 Prozent steht die Bevölkerung zwar klar hinter der Energiewende, gleichzeitig sind jedoch fast 70 Prozent der Bevölkerung unzufrieden mit ihrer Umsetzung und haben das Gefühl keinen bis wenig Einfluss auf die Energiewendepolitik nehmen zu können (Institut für transformative Nachhaltigkeitsforschung – IASS 2020, 6 ff.). Eine Beteiligung an diesem Wandel, die ausschließlich über Wahlen innerhalb

1.2 Problemstellung

der klassischen repräsentativen Demokratie erfolgt, scheint nicht mehr ausreichend zu sein. Durch die direkte Betroffenheit nimmt das Bedürfnis über den Wahltag hinaus Einfluss zu nehmen und mitgestalten zu können bei vielen Bürger*innen zu. 82 Prozent der Bevölkerung wünschen sich eine frühzeitige Öffentlichkeitsbeteiligung (Local Energy Consulting 2020, 30). Wird keine Möglichkeit der Beteiligung gesehen, können organisierte Proteste und Klagen ein Weg sein Unmut und Einwände kundzutun. 41 Prozent der Bevölkerung kann sich beispielsweise vorstellen unter Umständen an Protestaktionen gegen Windräder teilzunehmen (IASS 2020, 25). Der öffentliche Protest lässt oft viele Gleichgesinnte zusammenkommen, versäumt es jedoch verschiedene Stakeholder-Gruppen an einem Tisch zu versammeln, um gemeinsam über verschiedene Lösungsmöglichkeiten zu diskutieren. Positionen verhärten sich, Bürgerinitiativen bilden sich, Klagen werden eingereicht und die Fertigstellung von Großprojekten wird verzögert, wodurch schon jetzt Klimaziele weniger schnell erreicht werden (Kersting & Neuerer 2021; Gathmann et al. 2021).

Vor diesem Hintergrund stellt sich die Frage, welchen Einfluss eine frühzeitige Beteiligung von Bürger*innen auf die gesellschaftliche Akzeptanz von Großprojekten und für die erfolgreiche und zeitnahe Umsetzung in der Energiewende spielt. Erkenntnisse der Akzeptanzforschung stützen vielfach den Eindruck, dass frühzeitige informelle Beteiligung über dialogorientierte Beteiligungsprozesse das Auftreten späterer Konflikte reduzieren und diese zudem abschwächen können (Bock 2017, 107; Local Energy Consulting 2020, 31; Newig et al. 2020, 386). Aktuelle Studien zeigen auch, dass informelle Beteiligungsprozesse bereits regelmäßiger von Kommunen durchgeführt werden. Bürger*innen wird so schon heute häufiger die Möglichkeit gegeben auch außerhalb von Wahlen Meinungen, Anregungen, Wünsche und Kritik zu teilen (Newig et al. 2020, 386; Engagement für nachhaltiges Gemeinwohl 2021, 48 f.). Informelle Beteiligungsprozesse etablieren sich und gewinnen damit zunehmend an Bedeutung (Bock 2017, 103 f.; Lübking 2017, 33). Informelle Beteiligung bedeutet dabei im Gegensatz zur formellen Beteiligung, dass weder die Durchführung selbst noch die Art der Durchführung verbindlich gesetzlich geregelt sind. Zu den zu beteiligenden Akteuren, zum Zeitpunkt oder zum Gestaltungsformat selbst gibt es keine Vorgaben. Die Ausgestaltung ist dadurch sehr vielfältig. Informelle Beteiligungsverfahren können innerhalb von Planungs-, Zulassungs- und Strategieprozessen auf Bundes-, Landes- oder kommunaler Ebene durchgeführt werden. Der Gedanke ist, dass sie früher im Prozess ansetzen können als formelle Beteiligungsverfahren und Bürger*innen dadurch zu einem Zeitpunkt eingebunden werden, der noch einen größeren Gestaltungsspielraum umfasst (Horelt & Ewen 2020, 698 f.).

Trotz der weit verbreiteten Einigkeit über die Sinnhaftigkeit der Beteiligung von Bürger*innen an politischen Entscheidungsprozessen der Energietransformation, gibt es mit Blick auf deren Umsetzung offene Fragen (Bohn & Fuchs 2020, 1; Newig et al. 2020, 384). Unklar ist wann und wie professionell die Umsetzung informeller Beteiligungsprozesse in der aktuellen Praxis erfolgt. Wie werden entsprechende Prozesse aus Sicht von Expert*innen, Gemeindevertreter*innen und Bürger*innen bewertet? Welche Defizite und Herausforderungen lassen sich dort erkennen? Kann informelle Beteiligung helfen einen Dialog zu implementieren, der auf allen Seiten gegenseitiges Verständnis für die Notwendigkeit, aber auch für die Sorgen rund um energiepolitische Maßnahmen stützt? Einen Dialog also, der bestehende Konflikte erfolgreich befriedet, bessere Kompromisse findet und so ein Miteinander, statt ein Gegeneinander stärkt?

Der Kontext, in welchem Prozesse der Beteiligung stattfinden, nimmt dabei in besonderem Maße Einfluss auf deren Gelingen (Newig et al. 2020, 388 ff.). Dieser Umstand verlangt, dass Beteiligungsformate individuell an die jeweilige Situation angepasst und Erfahrungen aus der Praxis wissenschaftlich analysiert werden, um deren Anforderungen und Erfolg in verschiedenen Kontexten beurteilen zu können (Horelt & Ewen 2020, 704; Newig et al. 2020, 388 ff.). Die hier noch bestehende Lücke soll durch die vorliegende empirische Forschung verkleinert werden.

1.3 Zielsetzung und Forschungsfragen

Ziel dieser Masterarbeit ist es, am Beispiel zweier Windkraftprojekte in der Eifel, die Qualität von informellen Bürgerbeteiligungsprozessen empirisch zu erforschen. Die Kernfrage der Masterarbeit dreht sich dabei darum, welche Herausforderungen, Defizite und Verbesserungspotentiale innerhalb von Bürgerbeteiligungsprozessen aktuell aus Praxissicht bestehen. Es soll ein holistisches Bild entstehen, welches durch Einbezug der verschiedenen Perspektiven von Expert*innen, Gemeindevertreter*innen und Bürger*innen erlangt wird. Die Expert*innen geben durch ihren breiten Erfahrungsschatz einen praxisorientierten Einblick in informelle Beteiligungsprozesse und die damit verbundenen Herausforderungen im Allgemeinen. Bürger*innen und Gemeindevertreter*innen geben einen konkreten Einblick in die Beteiligungspraxis zweier Windenergievorhaben in der Eifel und ermöglichen dadurch eine kontextbezogene Perspektive.

Der qualitative Untersuchungsansatz umfasste 19 Interviews und hatte das Ziel die folgenden Fragen zu beantworten:

1.3 Zielsetzung und Forschungsfragen

- Status Quo: Welche Spannungsfelder bestehen im Kontext des Windkraftausbaus in den betrachteten Gemeinden? Was sind aktuelle Herausforderungen und Defizite in informellen Beteiligungsprozessen?
- Beteiligungsverständnis: Wie werden Beteiligungsprozesse aus Sicht von Gemeindevertreter*innen, Bürger*innen und Expert*innen bewertet und welchen Nutzen sehen diese unterschiedlichen Stakeholder-Gruppen in informellen Beteiligungsprozessen?
- Akzeptanz: Inwieweit werden verschiedene Faktoren der Akzeptanz in Beteiligungsprozessen unterstützend bedient oder auch nicht?

Aufbauend auf diesen Erkenntnissen sollen Handlungsoptionen aufgezeigt werden, um den Gestaltungsrahmen für informelle Beteiligungsprozesse weiter zu verbessern. Abbildung 1.1 zeigt das genaue Untersuchungsdesign mit einem Fokus auf der Erarbeitung der theoretischen Grundlagen sowie der Erhebung und Analyse der empirischen Daten.

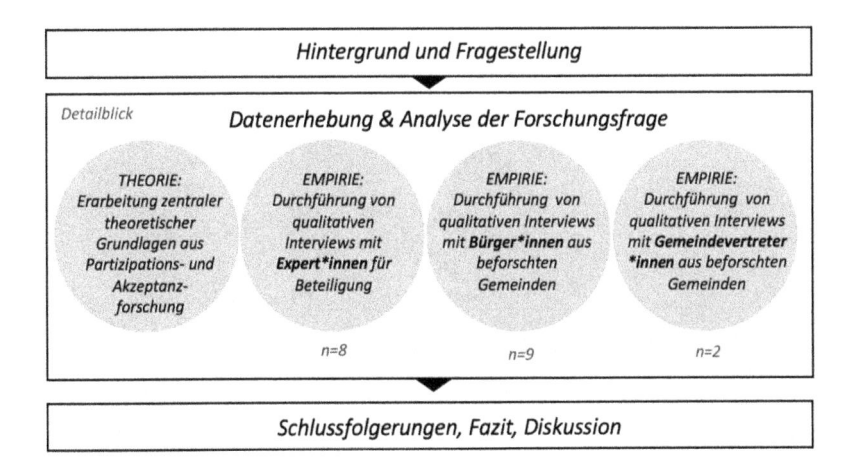

Abbildung 1.1 Untersuchungsdesign

1.4 Struktur der Arbeit

Die Arbeit gliedert sich ferner wie folgt: Im zweiten Kapitel soll ein Einblick in die Klima- und Energiepolitik in Deutschland sowie in die Regelungen des Zubaus von Windkraft gegeben werden. Dies ist wichtig, um ein Verständnis für die Prozesse der Beteiligung im Kontext der Energiepolitik zu erhalten. Im dritten Kapitel sollen rechtliche und theoretische Grundlagen aus den Bereichen Beteiligung und Akzeptanzforschung erläutert und begriffliche Eingrenzungen vorgenommen werden. Die vorgestellten theoretischen Grundlagen dienen als Basis, um die Erhebungsinstrumente der empirischen Studie zu schärfen. Gleichzeitig sind sie wichtig, um Defizite zwischen Theorie und praktischer Umsetzung strukturiert analysieren zu können. Im vierten Kapitel rückt das Fallbeispiel ins Zentrum der Betrachtung. Es werden die wissenschaftliche Methodik und die Durchführung der Fallstudie im Detail beschrieben, um das Vorgehen nachvollziehbar werden zu lassen. Daran anschließend folgt die Darstellung der Ergebnisse aus der empirischen Studie. Dabei sollen bestehende Defizite und Herausforderungen identifiziert und erläutert werden. Im Kapitel fünf werden abschließend die gewonnenen Erkenntnisse aufgegriffen, um Handlungsoptionen für Gemeinden aufzuzeigen und um einen Ausblick für die weitere Entwicklung und Bedeutung von dialogorientierten Beteiligungsprozessen zu geben.

Klima- und Energiepolitik Deutschlands

Mit der Energiewende hat Deutschland den Umbau der Energieversorgung von nuklearen und fossilen Energieträgern zu erneuerbaren Energien begonnen. Diese Transformation basiert auf dem Energiekonzept der Bundesregierung, auf Beschlüssen des Bundestages und Vorgaben der Europäischen Union (BMWK 2021). Oberste Grundsätze des Umbaus sind die Bezahlbarkeit, die Versorgungssicherheit und die Umweltverträglichkeit (BMWK 2021). Im Koalitionsvertrag von 2021 ist festgelegt, dass Deutschland bis 2030 80 Prozent seines Strombedarfs über erneuerbare Energien abdecken soll, um so die erforderlichen Emissionseinsparungen erreichen zu können (BMWK 2022b). In den letzten 20 Jahren sind rund 50 Gigawatt Leistung installiert worden. In den kommenden 8 bis 9 Jahren sollen weitere 50 Gigawatt hinzukommen (Bundesverband WindEnergie 2021; BMWK 2022b). Eine starke Beschleunigung des Zubaus ist erforderlich.

Heute liegt der Anteil an der Stromerzeugung durch erneuerbare Energien bei etwa 47 Prozent (Statistisches Bundesamt 2022). Dieser Ausbau gleicht den Rückgang der durch Kernenergie gewonnen Leistung in der Stromversorgung aus und ermöglichte den Ausstieg aus der Atomenergie in 2023 (Bundesregierung 2023). Die Versorgung über Kohle stieg hingegen im Jahr 2021 im Vergleich zum Vorjahr an. Der Ausstieg aus fossilen Energieträgern ist dennoch für das Jahr 2030 geplant (Agora Energiewende 2022).

Die Energiewende lässt ein dezentrales Netzwerk entstehen innerhalb dessen Großprojekte, wie Windkraftanlagen oder Stromtrassen, Teil der nationalen Infrastrukturplanung sind. Die gewonnene Energie pro Fläche ist im Vergleich zur Nutzung von konventionellen, fossilen Energieträgern geringer. Es sind somit mehr Flächen für die Energietransformation notwendig, was zur Folge hat, dass mehr Regionen und Bürger*innen direkt in ihrer Lebenswelt betroffen sind (Mautz et al. 2008, 105 f.). Der Windkraft muss ausreichend Raum verschafft werden, um die benötigte Leistung zur Verfügung stellen zu können. Zum einen werden bestehende Anlagen durch neue und größere Windanlagen ersetzt. Dieses Vorgehen wird in Fachkreisen als Repowering bezeichnet (BMWK 2016). Weniger Windräder erzeugen dabei durch ihre höhere Leistungsfähigkeit mehr Kilowattstunden Strom. In der öffentlichen Diskussion wird zum anderen empfohlen 2 Prozent der Landesfläche für Windenergie auszuschreiben (Stratmann 2021, Stiftung Klimaneutralität 2021, 1). Laut Bundesministerium für Wirtschaft und Klimaschutz (BMWK 2022b, 14) beläuft sich die ausgewiesene Fläche aktuell auf 0,8 Prozent der Gesamtlandesfläche. 0,5 Prozent der Fläche sind jedoch nur nutzbar, weil beispielsweise ausgewiesene Mindestabstände zu Wohngebieten in einigen Bundesländern die Fläche schmälern. Das Bundesamt für Naturschutz (2021, 5 f.) hat in einer Analyse das Flächenpotential für Deutschland und die einzelnen Bundesländer erstellt. Das realistische Flächenpotential liegt danach bundesweit bei 3,6 Prozent. Die in der Masterarbeit betrachteten Gemeinden liegen in Nordrhein-Westfalen (NRW) und Rheinland-Pfalz (RLP). Für diese Länder ergeben sich, laut Studie, Potentialwerte von 1,9 Prozent und 1,7 Prozent der Landesfläche (Bundesamt für Naturschutz 2021, 6). NRW will bis 2025 1,8 Prozent der Landesfläche für Windenergie ausgewiesen haben (Landesregierung Nordrhein-Westfalen 2023). RLP hat ein Landesziel von 2 % Flächennutzung kommuniziert (Bund-Länder-Kooperationsausschuss 2021, 14). Interessant wird in den kommenden Jahren der tatsächlich erreichte Zubau sein. Seit 2018 ist dieser in NRW zurückgegangen. 2021 erfolgte ein Zubau von lediglich 331 Megawatt. 2022 lag der Zubau bei 421 Megawatt (Fachagentur für Windenergie an Land 2023). Die für das Jahr 2030 festgelegten energiepolitischen Ziele der Landesregierung sind damit nur schwer zu erreichen. Dazu wäre ein jährlicher Zubau von 900 Megawatt erforderlich (Landesverband Erneuerbare Energien NRW 2021). In Rheinland-Pfalz erfolgte 2021 ein Zubau von 16 Windenergieanlagen. Dies entspricht einer installierten Leistung von sogar nur 69 Megawatt. Im Jahr 2022 lag der Zubau bei 17 Anlagen mit insgesamt 71 Megawatt (Fachagentur für Windenergie an Land 2023). Der notwendige Zubau wird hingegen auf 100 neue Anlagen jährlich geschätzt (Südwestrundfunk / SWR 2022).

Der Zubau von Windenergieanlagen ist in der Raumplanung geregelt (Umweltbundesamt 2020). Diese vollzieht sich in Deutschland auf verschiedenen planerischen Ebenen. Auf Bundesebene werden im Raumordnungsgesetz Leitvorstellungen und Grundsätze für das gesamte Bundesgebiet festgelegt. Grundsätzliches Ziel der Raumordnung, als neutrale Instanz, ist die nachhaltige Entwicklung des Raums, die versucht sowohl soziale, ökologische als auch ökonomische Belange, wie den Ausbau von Wirtschaft, Infrastruktur und Energieversorgung oder den Schutz von Umwelträumen miteinander in Einklang zu bringen (Umweltbundesamt 2020). Basierend auf den vorhandenen Leitvorstellungen und Grundsätzen, die vom Bund definiert werden, erfolgt die Regionalplanung durch die Bundesländer. Hierin werden spezifische Ziele, beispielsweise Flächennutzungsziele für Windkraft, in Bezug auf eine Region festgelegt. Danach schließt sich final die kommunale Ebene an. Auf dieser Ebene weisen Gemeinden innerhalb von Bauleitplänen konkrete Räume für die Windkraftnutzung aus. In Flächennutzungsplanverfahren können sie dabei sogenannte Konzentrationszonen für Windkraft definieren. In einer Gemeinde dürfen dann nur in diesen Zonen Windvorhaben umgesetzt werden. Insgesamt ist der Prozess der Zonenfestlegung jedoch ressourcenintensiv, da zahlreiche Absprachen mit der Bevölkerung, mit Behörden aus Natur- und Wasserschutz sowie Umweltprüfungen notwendig sind (Umweltbundesamt 2020; NRW.Energy4Climate 2022). Liegt eine entsprechende Festlegung von Zonen nicht vor, wird Paragraf 35 Baugesetzbuch (BauGB) herangezogen. Dieser regelt die Bebauung im Außenbereich. Dort heißt es in Abs. 1, dass ein Vorhaben der Windenergienutzung zulässig ist, wenn öffentliche Belange nicht im Wege stehen. Öffentliche Belange sind hierbei Interessen der Allgemeinheit, wie beispielsweise die Vermeidung von schädlichen Umwelteinwirkungen oder die Zersplitterung der Landschaft (Bundesministerium der Justiz 2022a). Der Zubau von Windkraft galt bisher nicht als eigener öffentlicher Belang, obwohl die Energiewende und der damit verbundene Umbau von fossilen zu erneuerbaren Energieträgern zentrale politische und gesellschaftliche Ziele sind. Vorhaben der Windenergie konnten somit unzulässig werden, wenn spezifische öffentliche Belange schwerer wiegen oder spezifische Fachgesetze diesen entgegenstanden. Es wird deutlich, dass das Erstellen von Bauleitplänen prüfungs- sowie zeitintensiv und das Resultat, durch die Komplexität des Prozesses, gleichzeitig oft rechtlich angreifbar war. Dies konnte zu Verzögerungen in der Umsetzung von Windenergievorhaben führen und ließ Kommunen mit vielen Herausforderungen zurück (Agora Energiewende 2020; Banse & Buermeyer 2022; BMWK 2022b; Fachagentur für Windenergie an Land 2018). Mit einer der größten energiepolitischen Gesetzesnovellen hat die Regierung im Jahr 2022 den Ausbau und die Nutzung erneuerbarer Energien zum öffentlichen Interesse erklärt. Planungs- und Genehmigungsverfahren sollen so verschlankt werden (BMWK, 2022c). Eine wichtige Maßnahme auf dem Weg zur Klimaneutralität, die in der Praxis nun ihre Umsetzbarkeit unter Beweis stellen muss.

Kommunen, also Gemeinden, Gemeindeverbände und (Land-)Kreise, sind ein Geflecht an unterschiedlichsten Akteuren und ein Netz aus verschiedensten Meinungen. Sie müssen sich einerseits mit lokalen Konflikten sowie Vorschriften auseinandersetzen und andererseits Vorgaben der Bundesebene entsprechen und die verabschiedeten Maßnahmen der aktuellen Gesetzesnovelle implementieren. Kommunen kommt deshalb eine besondere Bedeutung in der Energiewende zu.

Sie sind der zentrale Ort, an welchem die konkrete Umsetzung der politischen Ziele der Energiewende erfolgt und dadurch gleichzeitig der zentrale Ort für daraus resultierende Konflikte oder Proteste, die durch den sichtbaren Eingriff in die Lebenswelt der Bevölkerung entstehen.

Fraune und Knodt (2019, 163 f.) versuchen in einem aktuellen Artikel die Ursachen für die intensiven, regionalen Konflikte mit der Bevölkerung zu begründen. Sie erklären diese durch die Entkopplung von Werte- und Interessenkonflikten. In der zugrundeliegenden sozialwissenschaftlichen Konfliktforschung werden dazu verschiedene Konfliktarten differenziert. Zu ihnen gehören einerseits die oben genannten Interessenkonflikte, die sich mit der Verteilung von Nutzen und Kosten von konkreten Ressourcen beschäftigen, also den Nutzen einer spezifischen Maßnahme, wie dem Bau einer Windenergieanlage, abwägen. Andererseits gibt es die ebenfalls oben genannten Wertekonflikte, die sich mit wertebasierten Haltungen, Idealen und Überzeugungen auseinandersetzen (Bornemann und Saretzki 2018, 570). Wertekonflikte werden dabei der nationalen, politischen Steuerung, Interessenkonflikte hingegen der lokalen, raumplanerischen Steuerung zugeordnet (Ziekow 2012, D73). Der Bezugspunkt der beiden Konfliktarten ist entsprechend verschieden. Will heißen, was auf der Ebene des nationalen, politischen Windenergiediskurses bereits ausdiskutiert, ist es auf der lokalen Ebene des Windenergiediskurses mitunter nicht, da sich der Fokus des Konfliktes auf den verschiedenen politischen Ebenen vom Wertediskurs hin zu einem konkreten Interessendiskurs verschiebt. Gleichzeitig ist eine Teilnahme an dem Diskurs für die Bevölkerung nur eingeschränkt möglich. Formell ist dabei zwar eine Bürgerbeteiligung im Rahmen der lokalen, raumplanerischen Steuerung vorgesehen. Eine darüberhinausgehende informelle Beteiligung, die einen offenen Diskurs und Dialog unterstützt, ist rechtlich hingegen nicht verankert (Kamlage et al. 2014, 215). Klagen und Proteste erscheinen der Bevölkerung entsprechend oft als letzter Ausweg, was die negative Stimmung in Kommunen in Bezug auf den Windkraftausbau verstärkt. Eine große Herausforderung, denn die Kommune muss einen Weg finden die werteorientierten politischen Ziele der Bundes- und Landespolitik mit der interessenorientierten Betrachtung der Raumplanung zu vereinen (Grabow et al. 2021, 3; Fraune & Knodt 2019, 163 ff.). In Anbetracht der aktuellen Gesetzgebung wird der Druck auf die Kommunen hierbei perspektivisch steigen und erfordert funktionierende Instrumente, die einen gesamtgesellschaftlichen Umgang mit den resultierenden Konflikten fördern. Im folgenden Kapitel soll daher ein theoriegeleiteter Einblick in die formelle und informelle Bürgerbeteiligung gegeben und aufgezeigt werden, wie insbesondere informelle Bürgerbeteiligungsprozesse durch ihren dialogorientierten Charakter helfen können, mehr lokale Akzeptanz für den Windenergieausbau zu erzielen.

3 Theoretische Grundlagen zu Beteiligung und Akzeptanz

Der Begriff Akzeptanz betrachtet im Kontext der Energiewende die sozialen Dimensionen, die durch die Umgestaltung zu einem treibhausgasneutralen Energiesystem beeinflusst werden (Fraune et al. 2019, 3 f.). Die Einbindung sozialer Aspekte gilt in der Akzeptanzforschung als Erfolgsfaktor für die Umsetzung der Energiewende. Der Forschungszweig will Einflussfaktoren auf die Akzeptanz konzeptionell erfassen und Voraussetzungen für eine erfolgreiche Implementierung von Energiesystemen beschreiben (Fraune et al. 2019, 5 ff.). Die Energietransformation ist aus Sicht der Forschung eine gesamtgesellschaftliche Aufgabe, die die Beteiligung unterschiedlichster Stakeholder aus Wirtschaft und Zivilgesellschaft erfordert. Dazu ist es erforderlich Orte der politischen Beteiligung für diese Akteure zu schaffen. Akzeptanz ist zwar darüber nicht garantiert, die Art der Konzeption und Durchführung eines gemeinsamen, partizipativen Dialoges kann aber großen Einfluss auf die Akzeptanz eines Energieprojekts haben (Geßner & Zeccola 2019, 137 f.). Im folgenden Abschnitt sollen die Begriffe der Beteiligung und der Akzeptanz daher theoretisch vertieft werden. Die dabei dargestellten Theorien dienen der Verortung der vorliegenden Forschung im wissenschaftlichen Diskurs und geben gleichzeitig ein Gerüst für die folgende Erstellung der Erhebungsinstrumente und die Analyse der Ergebnisse des empirischen Teils der vorliegenden Arbeit.

3.1 Zum Beteiligungsverständnis

3.1.1 Einblicke in die formelle und informelle Bürgerbeteiligung

Der Gesetzgeber regelt die formelle Beteiligung von Bürger*innen innerhalb von Planungsverfahren im Baugesetzbuch, besonders in den Paragrafen 3 und 4a BauGB (Bundesministerium der Justiz 2022b). Unter der Bezeichnung „Beteiligung der Öffentlichkeit" wird sie dort jedoch nur in groben Zügen festgeschrieben, um von den Kommunen selbst genauer ausdifferenziert werden zu können. Die formelle Beteiligung fasst dabei alle Formate zusammen, die gesetzlich verpflichtend durchzuführen sind. Ihr Ziel ist es die Bevölkerung zu informieren und Bürger*innen die Möglichkeit zu geben zu Beschlüssen Stellung zu nehmen (Wissenschaftlicher Dienst des Deutschen Bundestages 2019, 4 f.). Im Flächennutzungsplanverfahren ist an folgenden Stellen eine formelle Beteiligung vorgeschrieben (Bundesministerium der Justiz 2022b; NRW.Energy4Climate 2022):

- Beschluss: Der Aufstellungsbeschluss zur Ausweisung von Konzentrationszonen für Windkraft muss bekannt gegeben werden, meist über das lokale Amtsblatt oder die Lokalpresse.
- Vorentwurf: Innerhalb der frühzeitigen Beteiligung können sich Bürger*innen zum Vorentwurf des Flächennutzungsplans äußern. Nach der Ankündigung im Amtsblatt, können Bürger*innen dann eine Stellungnahme dazu einreichen.
- Entwurf: Nach der Erarbeitung muss der Flächennutzungsplanentwurf öffentlich ausgelegt werden. Bürger*innen haben dann einen Monat Zeit dazu Stellungnahmen einzureichen.
- Information: Die Kommune wägt über die Stellungnahmen ab und muss den/die jeweilige/n Bürger*in über das Ergebnis informieren.
- Genehmigung: Nachdem der Flächennutzungsplan von der höheren Verwaltungsbehörde genehmigt wurde, muss dies bekannt gemacht werden. Oft erfolgt dies über das Amtsblatt oder die Lokalzeitung.
- Inkrafttreten: Sobald der Flächennutzungsplan rechtsverbindlich wird, muss dieser für Bürger*innen einsehbar sein, beispielsweise im Rathaus der Gemeinde.

3.1 Zum Beteiligungsverständnis

Nach der Flächenplanung erfolgt die Genehmigung konkreter Windenergievorhaben im Genehmigungsverfahren. Auch hier ist eine formelle Bürgerbeteiligung gesetzlich vorgeschrieben (Bundesministerium der Justiz 2022b; NRW.Energy4Climate 2022):

- Bekanntmachung im förmlichen Verfahren: Vorhaben müssen offengelegt werden. Bürger*innen werden dazu zum Beispiel über das Internet (wie über die Webseite der Gemeinde) oder über die Tageszeitung informiert.
- Einwände Antrag: Es besteht die Verpflichtung die Antragsunterlagen für ein neues Vorhaben auszulegen. Bürger*innen haben dann zwei Wochen Zeit schriftlich Einwände zu formulieren.
- Genehmigungsbescheid: Über den finalen Beschluss muss öffentlich informiert werden.

Die Aufstellung macht deutlich, dass bereits viele Instrumente der Beteiligung rechtlich verankert sind. Anzumerken ist aber gleichzeitig, dass eine Beteiligung im Schritt der Voruntersuchungen nicht vorgesehen ist und erstmalig beginnt, wenn ein Vorentwurf der Flächennutzungsplanung bereits erstellt ist. Zudem regen die aktuellen Instrumente keinen gemeinschaftlichen Dialog an. Bekanntmachungen der Gemeinden und Stellungnahmen seitens der Bürger*innen stehen nebeneinander, ohne dass sich zu Unklarheiten und Fragen ausgetauscht oder der Kern eines Problems miteinander diskutiert werden kann. Die Verfahren sind veraltet und knüpfen nur selten an aktuelle Kommunikationswege der Bürger*innen an. Sie sind meist steif, sprachlich formalisiert und bilden für viele Menschen bereits dadurch eine Barriere (Horelt & Ewen 2020, 697 f.).

Informelle Beteiligungsprozesse können das beschriebene Grundgerüst der formellen Beteiligung beleben, indem sie Raum für einen offenen Dialog schaffen, der ein direktes Miteinander fördert. Sogenannte dialogorientierte Beteiligungsformate werden im Rahmen von informellen Beteiligungsprozessen durchgeführt. Im Gegensatz zur formellen Beteiligung ist weder die Durchführung selbst noch die Art der Durchführung verbindlich gesetzlich geregelt (Kamlage et al. 2014, 215). Die Ausgestaltung informeller Beteiligung ist daher in Bezug auf die zu beteiligenden Akteure, den Zeitpunkt oder das Gestaltungsformat sehr vielfältig. Befürworter informeller Beteiligungsprozesse weisen darauf hin, dass sie früher im Prozess ansetzen können als formelle Beteiligungsverfahren und Bürger*innen dadurch zu einem Zeitpunkt einbinden, der noch mehr Gestaltungsspielraum umfasst (Kamlage et al. 2014, 215). Der Vorteil liegt somit auch in einer frühzeitigen Konfliktregulation und -prävention (Horelt &

Ewen 2020, 702 f.). Im Licht dieser Erkenntnisse haben informelle Beteiligungsprozesse zunehmend an Bedeutung gewonnen und können innerhalb von Planungs-, Zulassungs- und Strategieprozessen auf Bundes-, Landes oder kommunaler durchgeführt werden (Bock 2017, 104 f.; Lübking 2017, 35 f.). Ein Nachteil ist, dass sich keine rechtlichen Konsequenzen für die Entscheider ergeben und es in keiner Form Auflagen gibt, wie mit Ergebnissen aus informellen Beteiligungsprozessen weiter agiert werden soll (Best 2019, 20; Kamlage et al. 2014, 215).

Die Vielfalt der dialogorientierten Formate ist groß und kann beispielsweise nach Veranstaltungsdauer, Teilnehmeranzahl oder auch Beteiligungstiefe strukturiert werden. Um das Verständnis hierzu zu vertiefen, sollen im Folgenden beispielhaft drei dialogorientierte Beteiligungsformate vorgestellt werden, die in der Literatur oft genannt werden, auch im Rahmen von Fragestellungen im Bereich der Energiewende anwendbar sind und einen kleinen Einblick in die angesprochene Vielfalt der Formate geben (Nanz & Fritsche 2012, 40 ff.; Rohr et al. 2017, 160 ff.):

- Diskursive Bürgerversammlung (kurze Dauer, mittelgroße Teilnehmerzahl, mittlere Beteiligungstiefe – Konsultation): Hier steht der regelmäßige Austausch zwischen Bürger*innen und Vertreter*innen der Lokalverwaltung im Fokus. In diesem Format tauschen 20 bis maximal 50 Personen, über bis zu vier Stunden, verschiedene Argumente zu aktuellen Themen aus und versuchen am Ende der Veranstaltung Lösungsansätze zu formulieren. Der regelmäßig durchgeführte Dialog soll gegenseitiges Verständnis und Akzeptanz stärken.
- Bürgerrat (mittlere Dauer, kleine Teilnehmerzahl, mittlere Beteiligungstiefe – Konsultation): Das Ziel des Bürgerrats ist es in einem Zeitraum von zwei Tagen Lösungen für drängende, insbesondere auch lokale Probleme zu erarbeiten. Die acht bis zwölf zufällig ausgewählten Bürger*innen diskutieren dabei frei ohne feste Struktur. Alle Äußerungen werden von den Moderator*innen in die Kategorien Probleme, Lösungen, Bedenken zur Lösung sowie Daten und Fakten sortiert. Ideen werden zusammengetragen und eine gemeinschaftliche Problemlösung angestrebt. Das Resultat ist ein Statement, welches öffentlich präsentiert und danach von allen Bürger*innen diskutiert werden kann. Der Bürgerrat kann je nach Bedarf mit neuen Bürger*innen zu einem anderen relevanten Thema wiederholt werden.
- Charrette (längere Dauer, kleine bis große Teilnehmerzahl möglich, stärkere Beteiligungstiefe – Kooperation): Dieser Ansatz bezieht ein interdisziplinäres Team ein, welches sowohl Bürger*innen als auch Interessenvertreter*innen,

Entscheidungsträger*innen und Fachexpert*innen umfasst. Der Charme liegt hierbei darin, Fragen der räumlichen Entwicklung durch den Einbezug vielfältigster Perspektiven zu klären. Mögliche Handlungsoptionen können so aus verschiedenen Blickwinkeln beleuchtet werden, wodurch ein tragfähigeres Konzept / ein Planungsentwurf entwickelt werden kann. Der Prozess dauert mindestens vier Tage. Die Ergebnisse und Schlussfolgerungen werden von allen beteiligten Gruppen zusammen erarbeitet und sollten transparent von den Entscheider*innen kommuniziert werden.

Auf den folgenden Seiten soll nun ein tieferer Einblick in die Ansätze und den Nutzen von informeller Bürgerbeteiligung, die durch dialogorientierte Beteiligungsverfahren umgesetzt wird, gegeben werden.

3.1.2 Partizipative und deliberative Demokratie

Zu den Herausforderungen unserer Zeit gehört, neben den zunehmenden klimatischen Veränderungen und der dadurch erforderlich werdenden Energietransformation, auch die aktuelle Vertrauenskrise in die repräsentative Demokratie (Bock 2017; Merkel 2015; Thomassen & van Ham 2017). In einer aktuellen Studie der Europäischen Kommission (2022, T29) geben für Deutschland 58 % der Befragten an, dass sie den politischen Parteien eher nicht vertrauen. Die komplexen Herausforderungen der Nachhaltigkeitstransformation verstärken die Ansprüche an den demokratischen Prozess, weil sie zu großen Veränderungen im Leben jedes einzelnen führen. Wie einleitend erwähnt, sind 68 % der deutschen Haushalte unzufrieden mit der Energiewendepolitik der Regierung (IASS 2020). Diese Zahlen verdeutlichen, dass selbst gewählte Parteien in einer Legitimitätskrise stecken und ihren Rückhalt verlieren. Partizipativen und deliberativen Demokratieansätzen werden in der wissenschaftlichen Literatur das Potential zugeschrieben dieser Krise zu begegnen (Merkel 2015, 16 ff.; Remer 2020, 8 ff.). Für die Akzeptanzsteigerung aktueller Infrastrukturprojekte der Energietransformation ist es daher besonders wertvoll sich mit solchen Ansätzen zu beschäftigen. Je nach Demokratieansatz unterscheidet sich dabei die Auffassung, wie Beteiligung betrachtet und ausgestaltet werden kann.

Partizipative Demokratie bedeutet in diesem Kontext, dass Bürger*innen Einfluss nehmen. Das heißt, dass Bürger*innen nicht nur beteiligt werden, sondern ihre Meinung von Amtsträgern auch tatsächlich aufgenommen und in politische Entscheidungen mit einbezogen wird (Arnstein 1969, 216 ff.; Remer 2020, 10)

Voraussetzung dafür ist, dass wirksame Verfahren entwickelt werden, die dies auch außerhalb von klassischen Wahlen ermöglichen.

Deliberative Demokratie betont den kommunikativen Prozess selbst und dass dieser gleichberechtigt und gemeinwohlorientiert stattfinden soll. Ziel ist eine informierte Meinungsbildung durch einen öffentlichen Diskurs und das Bilden einer gemeinsamen Vision. Die Moderation des Prozesses strebt einen Konsens an, der konkurrierende Interessen und Machpositionen befrieden soll (Bächtiger & Wyss 2013, 158 ff.; Best 2019, 20 ff.; Bundeszentrale für politische Bildung 2022a).

Aus Sicht der Beteiligungsforschung liegt der Reiz in der Kombination beider demokratietheoretischer Ansätze. Dabei streben die Befürworter dialogorientierter Beteiligungsprozesse die Kombination des Elements des öffentlichen Diskurses aus der deliberativen Demokratie und des Elements des Einbezugs öffentlicher Meinungen in die finale politische Entscheidung aus der partizipativen Demokratie an (Remer 2020, 10). Die rechtliche Verbindlichkeit dazu fehlt jedoch.

3.1.3 Beteiligung im anwendungsbezogenen Kontext

Die dialogorientierte Beteiligung von Bürger*innen kann als ein Schlüsselfaktor in der Entwicklung einer nachhaltigen Gesellschaft gelten. Der Ansatz findet nicht nur in der wissenschaftlichen Literatur Zuspruch, sondern wird auch in zahlreichen Stiftungspapieren, Richtlinien, politischen Leitdokumenten von Ministerien und Bundesländern oder Vereinen als sinnvolle Ergänzung zu herkömmlichen formellen Beteiligungsprozessen diskutiert (Bundesregierung 2021b; Bundesregierung 2020; Neutzner 2019; Riedel 2020; Rohr et al. 2017). Konkrete Beispiele sind auf Bundesebene die aktuelle *Nachhaltigkeitsstrategie* der Bundesregierung (Bundesregierung 2021b) oder auf Landesebene die *Verwaltungsvorschrift der Landesregierung zur Intensivierung der Öffentlichkeitsbeteiligung in Planungs- und Zulassungsverfahren* Baden-Württemberg (Gewerbeaufsicht Baden-Württemberg 2014). Auch für die kommunale Ebene werden zahlreiche Leitfäden, Handbücher, Standards und Visionen formuliert. An dieser Stelle soll im Speziellen die Position zum Thema dialogorientierte Beteiligung von Behörden, Ämtern und Vereinen beleuchtet werden. Ziel ist es, nicht nur den wissenschaftlichen Diskurs, sondern auch den anwendungs- und praxisorientierten Diskurs zu betrachten, da dieser in der nicht-akademischen Welt eine besondere Reichweite entfaltet:

1. In der Richtlinie *VDI 7001 Kommunikation und Öffentlichkeitsbeteiligung bei Bau- und Infrastrukturprojekten* (Verein Deutscher Ingenieure – VDI 2014) wird anerkannt, dass verbindliche formelle Beteiligungsformen oft nicht ausreichen, um dem Anspruch der Zivilgesellschaft nach Mitsprache und Transparenz gerecht zu werden. Neben einer besseren Repräsentanz der Zivilgesellschaft können durch bessere Beteiligungsprozesse, aus Sicht des VDI, auch die oft hohen Folgekosten durch, zum Beispiel, langwierige Rechtsstreitigkeiten und damit einhergehende Projektverzögerungen vermieden werden. Die in der Richtlinie sehr praxisnah formulierten Grundregeln guter Kommunikation und Beteiligung richten sich dabei nicht nur an Kommunen, sondern auch an weitere Akteure, die in Bauvorhaben involviert sind, wie Planungsbüros, Ingenieure, ausführende Unternehmen, Vorhabenträger*innen, aber auch Bürgerinitiativen. Die Grundregeln raten beispielsweise zu frühzeitiger Beteiligung, zu einer wertschätzenden Grundhaltung allen Akteuren gegenüber, zu Transparenz im Prozess, zu einer verständlichen Kommunikation sowie zu anschlussfähigen Ergebnissen (VDI 2014, 13 ff.). Mit 135.000 Mitgliedern ist der VDI der größte technisch-wissenschaftliche Verein Deutschlands und hat durch die Richtlinie seit 2014 zur Sensibilisierung einer Vielzahl von Akteuren beigetragen (VDI 2022).
2. *Der Praxisleitfaden Bürgerbeteiligung – Die Energiewende gemeinsam gestalten* ist mit Förderung des Umweltbundesamtes und des Landes Brandenburg erarbeitet worden (Impuls 2013) und gibt Kommunen bereits seit 2013 konkrete Hilfestellung an die Hand Energieprojekte auf lokaler Ebene umzusetzen. Der visuell ansprechende und verständlich gestaltete Leitfaden greift dabei auch kritische oder zweifelnde Fragen von Kommunen auf, die sich in Bezug auf die Energiewende ergeben, wie beispielsweise, ob informelle Beteiligung sich finanziell überhaupt lohne, ob sie nicht falsche Hoffnungen bei Bürger*innen wecke oder warum diese überhaupt nötig sei, wenn doch formelle Verfahren auch Elemente der Beteiligung enthielten (Impuls 2013, 12 ff.). Die klaren und differenzierten Antworten auf diese und andere Fragen lassen ein glaubwürdiges Werkzeug zur Umsetzung von dialogorientierten Beteiligungsprozessen auf lokaler Ebene entstehen.
3. Sensibilisieren will auch das Modellprojekt *Open Government* des Bundesministeriums des Inneren, für Bau und Heimat (Neutzner 2019, 7 ff.). Die im Zuge des Projekts in Zusammenarbeit mit einem Beratungsunternehmen erstellte „Gebrauchsanleitung Kommunales Open Government" richtet sich dabei an Verantwortliche und Beschäftigte der Kommunalverwaltung sowie an kommunalpolitische Mandatsträger*innen. Betont wird hierin die Wichtigkeit von wechselseitigen Beziehungen zwischen den Akteuren und dass deren

unterschiedliche Ansprüche berücksichtigt werden müssen. Sie unterstreicht, dass die Politik und die Verwaltung in den Kommunen offen gestaltet sein soll. In dieser Offenheit sieht der Verfasser die Chance lokale Demokratie zu stärken. Sieben Prinzipien für die Gestaltung der Kommune von morgen sind dabei zentral:
1. Offenheit als Kultur
2. Offenheit für mehr Demokratie
3. Transparenz als Selbstverständlichkeit
4. Beteiligung und Zusammenarbeit als Ressource
5. Digitalisierung als Werkzeug
6. Smarte Innovation als Verantwortung
7. Veränderung und Innovation als Organisationsprinzip

Dieser Leitfaden versteht sich als eine Utopie, die als kritische Reflektion des gegenwärtigen kommunalen Alltags zu bewerten ist (Neutzner 2019, 27 f.). Er will kommunale Verwaltung sensibilisieren und Handlungsfelder aufzeigen, in welchen Veränderung notwendig ist. Interessant ist hierbei die starke zukunftsweisende Wirkung der Publikation. Mit Blick auf diese Masterarbeit sind die Prinzipien eins bis drei und im Besonderen auch Prinzip vier von Relevanz. In ihnen zeigt sich, dass informelle Beteiligungsformate einen Weg darstellen, gesellschaftlichen Herausforderungen zu begegnen. Partizipative und deliberative Demokratieansätze, wie in Abschnitt 3.1.2 beschrieben, sind dabei integraler Bestandteil dieser Prinzipien.

Die angesprochenen Beispiele verdeutlichen, dass dialogorientierte Bürgerbeteiligung auf vielen Ebenen thematisiert wird. Kommunen können von vielen Stellen Informationen zur Gestaltung von Beteiligungsprozessen erhalten, die einen sehr praxisnahen Blick einnehmen. Teilweise haben Kommunen in den letzten Jahren eigene Leitlinien und Satzungen erarbeitet oder Koordinationsstellen eingerichtet, die den Austausch zwischen Zivilgesellschaft, Politik und Verwaltung zusätzlich intensivieren und systematisieren.

Trotzdem muss festgehalten werden, dass oft eine institutionalisierte, rechtsverbindliche Einbindung von informellen Beteiligungsverfahren in Planungsprozesse fehlt. Der Erfolg und die Effektivität der Prozesse hängt zudem stark von den jeweiligen mit deren Umsetzung betrauten Personen ab (Allianz Vielfältige Demokratie 2017, 7 ff.; Remer 2020, 11 ff.) Und schließlich fehlen empirische Daten über die Nutzungshäufigkeit und Qualität von Beteiligungsprozessen, da einheitliche Erhebungsstandards derzeit nicht existieren. Die Forschung hierzu steht am Anfang und beruft sich meist lediglich auf Erfahrungsberichte (Remer 2020, 14 f.; Rohr et al. 2017, 22).

3.1.4 Kriterien guter Beteiligung

Trotz der angesprochenen fehlenden Systematik für eine Evaluation in der Praxis, werden im wissenschaftlichen Diskurs Erfolgskriterien besprochen, die Einfluss auf das Gelingen von dialogorientierten Beteiligungsprozessen nehmen. Diese werden auch von erfahrenen Prozessbegleiter*innen in die Gestaltung von Bürgerbeteiligungen einbezogen.

Folgende Erfolgskriterien können aus der Literatur für den Gesamtprozess und die Rahmenbedingungen abgeleitet werden (Best 2019, 28 f.; Bock 2017, 111 ff.; Bohn & Fuchs 2020, 5 f.; Newig et al. 2020, 391 ff.; Renn 2015, 146 f.):

- Finanzielle Ressourcen: Mittel zur Finanzierung eines guten Prozesses stehen zur Verfügung.
- Kultur der Beteiligung: Der Initiator des Prozesses, oft die Kommunalverwaltung muss offen sein, gegenüber den Meinungen von Bürger*innen, muss wertschätzend mit ihnen umgehen, einen Willen für Beteiligung zeigen und selbst lernbereit sein.
- Klare Strukturen: Verantwortlichkeiten, Kommunikationswege und Ziele des Prozesses müssen vorab definiert werden, um Beteiligungen systematisch planen, durchführen und zu Ende bringen zu können.
- Gesamtkonzept definieren: Der Beteiligungsprozess ist idealerweise in ein gesamtes Konzept eingebettet, welches das Vorhaben genau abbildet. Einzelne Beteiligungsveranstaltungen sind darin, je nach gesehenem Bedarf, eingebunden. Bei auftretenden neuen Herausforderungen kann das Konzept jeweils angepasst werden.
- Kontextfaktoren berücksichtigen: Jeder Beteiligungsprozess findet in einem individuellen Umfeld statt (beispielsweise regionale Faktoren, Stimmungslage), welches vor Beginn jeder Beteiligung betrachtet und einbezogen werden muss.
- Frühzeitige Beteiligung: Bürger*innen sollten früh in den Prozess einbezogen werden, da der Gestaltungsspielraum zu diesem Zeitpunkt meist am größten ist.
- Heterogenität der Teilnehmer*innen: Ziel sollte es sein, möglichst vielen betroffenen Gruppen eine Teilnahme zu ermöglichen, um ein möglichst breites Bild an Meinungen zu erhalten.
- Prozessorientierung statt Einzelbeteiligungen: Die Einbindung in einen längeren Prozess mit verschiedenen aufeinander aufbauenden Beteiligungsereignissen schafft mehr Vertrauen und wird komplexen Sachverhalten gerechter als

isolierte Beteiligungsmöglichkeiten. Idealerweise erfolgt dies unter Anleitung erfahrener Prozessgestalter*innen.

Auch für eine einzelne Beteiligungsveranstaltung selbst, ob nun in einem Prozess integriert oder nicht, helfen spezifische Prinzipien den Erfolg zu unterstützen (Best 2019, 28 f.; Bock 2017, 111 ff.; Bohn & Fuchs 2020, 7 f.; Renn 2015, 146 f.; VDI 2014, 15 f.):

- Neutrale, erfahrene Moderation*innen: Durch erfahrene Prozessgestalter*innen wird ein konstruktiver Austausch aller teilnehmenden Personen gewährleistet. Hilfreich sind ein guter kommunikativer Umgang und die Nutzung passender Methoden innerhalb der Beteiligungsveranstaltung.
- Transparenz: Alle Informationen, sowohl Vor- als auch Nachteile des geplanten Infrastrukturprojekts, müssen klar und offen dargelegt und angesprochen werden, um ein gemeinsames Verständnis zu schaffen und so einen informierten Austausch und eine fundierte Meinungsbildung zu ermöglichen.
- Erwartungsmanagement aller Beteiligten: Grenzen und Möglichkeiten der Veranstaltung müssen realistisch aufgezeigt werden. Gleichzeitig sollte aber auch, soweit rechtlich möglich, ein Gestaltungsspielraum eingerichtet werden.
- Verständliche Aufbereitung der Informationen: Zur Beurteilung des Vorhabens sollten alle notwendigen Informationen auch in leichte Sprache übersetzt und visuell aufbereitet werden, um alle Beteiligten zu befähigen das Vorhaben zu verstehen und einschätzen zu können.
- Wertschätzende Haltung: Zu einem wertschätzenden Miteinander, gehört ein Umgang auf Augenhöhe, welcher Offenheit, Empathie sowie Neugierde anderen Meinungen und Personen gegenüber zeigt.
- Ergebnisnutzung sicherstellen: Idealerweise wird zu Beginn festgelegt, welche Fragen beantwortet werden sollen, von wem das Ergebnis dazu im weiteren Entscheidungsprozess genutzt wird und wie es aufbereitet werden soll, damit die Weiterverwendung möglich ist. Dies zeigt Teilnehmenden was sie erwarten können und beugt Frustration und einen Vertrauensverlust in den Prozess vor.

Die hier dargestellten Rahmenbedingungen und Erfolgskriterien für Beteiligungsveranstaltungen werden im Kapitel 4 herangezogen, um die in der empirischen Feldforschung gewonnenen Daten dahingehend zu untersuchen, ob die Voraussetzungen für eine erfolgreiche Beteiligung von Bürger*innen gegeben waren oder nicht.

3.1.5 Zur Beteiligungstiefe und damit verbundenen Herausforderungen

Ein wichtiges Erfolgskriterium ist das richtige Erwartungsmanagement gegenüber allen Beteiligten. Dazu gehört insbesondere transparent Grenzen und Möglichkeiten einer entsprechenden Veranstaltung zu vermitteln. 1969 konzipierte Sherry R. Arnstein ein bis heute gültiges und oft genutztes Modell, welches eine systematische Differenzierung von in der Empirie regelmäßig beobachteten Stufen der Beteiligung bietet (Best 2019, 25; Rohr et al. 2017, 28). *A Ladder of Citizen Partizipation* (Arnstein 1969, 216 ff.) definiert acht Stufen der Beteiligung. Diese beschreiben die Beteiligungstiefen der betroffenen Bürger*innen in einem Prozess. Grob gesagt reicht diese Stufenleiter der Beteiligung von Nicht-Partizipation (Non-Participation), wobei Partizipation lediglich als ein Instrument der Machtsicherung verstanden wird, über eine Quasi-Partizipation (Tokenism), in welcher Partizipation in Form von Anhörungen und Konsultationen erfolgt, bis hin zur Partizipation (Citizen Power), in welcher Bürger*innen (in Teilen) die aktive Entscheidungsgewalt inne haben.

Das Stufenmodell von Arnstein (1969) dient als Basis für viele weitere wissenschaftliche Modelle und hat ebenso Beachtung in Institutionen wie der International Association of Public Participation (IAPP 2022) und der Organisation for Economic Co-operation and Development (OECD 2001) gefunden, die daraus eigene Modelle abgeleitet haben. Abbildung 3.1 stellt die drei genannten Modelle gegenüber und zeigt, welche Beteiligungstiefe sie jeweils zulassen.

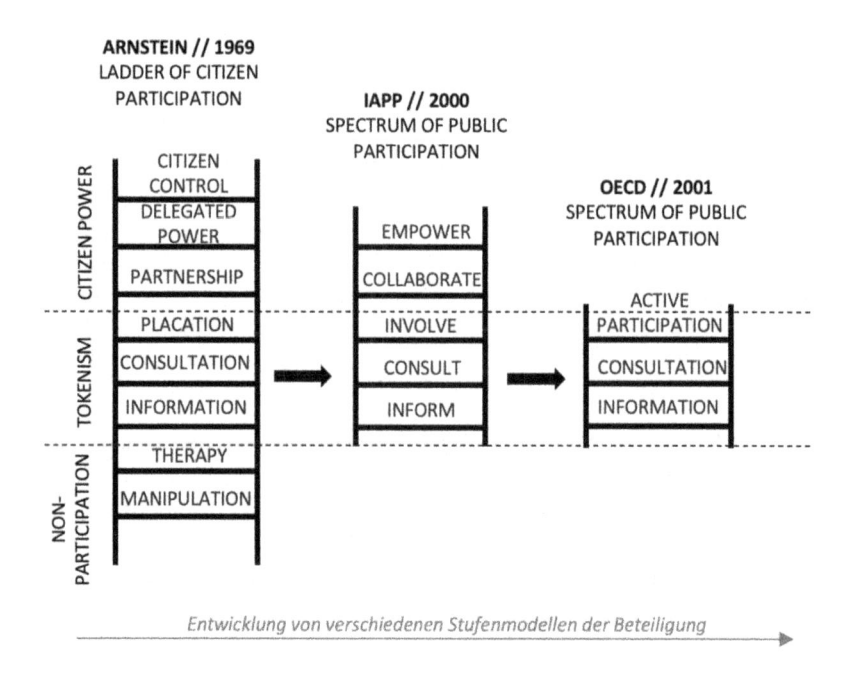

Abbildung 3.1 Überblick Modelle Beteiligungstiefe angelehnt an Prieto-Martin 2010

Deutlich wird, dass die Qualität der Beteiligung in den Modellen abnimmt. Im Modell der OECD (2001) gibt es lediglich drei Beteiligungstiefen. In der Praxis findet es so und in ähnlicher Form breite Anwendung. Auch in der empirischen Fallstudie dieser Arbeit wird das Modell herangezogen. Die drei Stufen lassen sich wie folgend definieren (OECD 2001, 15 f.):

- Information: Der Austausch erfolgt hier in eine Richtung. Informationen werden von der Politik / Verwaltung an Bürger*innen gegeben.
- Konsultation: Der Austausch erfolgt hier in beide Richtungen. Bürger*innen haben die Möglichkeit nicht nur Informationen aufzunehmen, sondern auch eigenes Feedback beispielsweise in Bezug auf ein Infrastrukturvorhaben zu geben.
- Aktive Partizipation / Kooperation: Diese Stufe versteht sich als partnerschaftlicher Austausch, in welchem Bürger*innen die Möglichkeit gegeben wird ein

Vorhaben aktiv mitzugestalten. Die finale Entscheidung bleibt jedoch meist bei den Verantwortlichen aus Politik und Verwaltung.

Eine volle Teilhabe, wie bei Arnstein (1969) in Form einer verbindlichen Entscheidungsbefugnis, gibt es nicht. Die Frage ist also, warum gerade dieses Modell (und ähnliche Formen davon wie beispielsweise Schweizer-Ries et al. 2012, 181) in Fachtexten, Leitfäden oder Handbüchern trotzdem so stark aufgegriffen und diskutiert wird (wie beispielsweise in Rohr et al. 2017, 30). Zum besseren Verständnis ist ein Blick in das politische System Deutschlands hilfreich. In der parlamentarisch-repräsentativen Demokratie Deutschlands können Bürger*innen über Wahlen die Politik mitgestalten, indem sie ihre Stimme Kandidat*innen aus einer Partei geben. Inhaltliche Entscheidungen sind hingegen nicht vorgesehen und nur sehr eingeschränkt über Referenden möglich, für die jedoch formale Hürden bestehen. Dialogorientierte Beteiligungsprozesse müssen sich im Rahmen der repräsentativen Demokratie bewegen. Eine verbindliche Umsetzungspflicht von dort getroffenen Ergebnissen und Entscheidungen besteht daher nicht. Das Modell der OECD (2001) und ähnliche Formen davon bilden diese Grenzen und Möglichkeiten aktueller Beteiligungsprozesse realistisch ab, wodurch sich ihre breite Nutzung aus Sicht der Autorin erklärt. Lediglich eine Selbstverpflichtung seitens Politik und Verwaltung ist denkbar. Dieser Kontext ist vielen betroffenen Bürger*innen unter Umständen nicht bewusst. Die neu kommunizierte Kultur der Beteiligung und ein damit verbundenes deliberatives, partizipatives Demokratieverständnis lassen ein Spannungsfeld entstehen (Bock 2017, 112 ff., Rohr et al. 2017, 29 ff.). Klar muss sein, dass dialogorientierte Beteiligungsprozesse in den Kontext der repräsentativen Demokratie eingebettet sein müssen und demokratische Entscheidungen nicht ersetzen. Juristisch betrachtet hat die Beteiligung somit keinen Eigenwert. Ihre Relevanz zeigt sich aber in ihrer beratenden Kraft, die es ermöglicht qualifiziertere und akzeptierte Entscheidungen durch Perspektivenvielfalt und Mitsprache zu treffen (Geßner & Zeccola 2019, 136 f.; Rohr et al. 2017, 29 ff.).

3.2 Akzeptanzforschung in der Energietransformation

3.2.1 Akzeptanz – eine Begriffseinordnung

Der Ausbau der erneuerbaren Energien hat zu einem intensiveren Diskurs in der Akzeptanzforschung geführt (Fraune et al. 2019, 3 f.). Insbesondere der Windenergieausbau wird im gesellschaftlichen Diskurs kontrovers betrachtet.

Ein Grund dafür ist, dass nachhaltige Technologielösungen oft unabhängig von ihrer System-Umwelt, das heißt, ihren gesellschaftlichen Rahmenbedingungen und Implikationen betrachtet werden (Grunwald 2019, 37). So wird im Kontext der Energietransformation zunächst die positive Auswirkung der CO_2-Ersparnis betrachtet, aber nicht wie sich die Lebenswelt von Anwohner*innen wandelt, wenn sich das Erscheinungsbild einer Region ändert, in welcher diese verwurzelt sind. Die sozialwissenschaftliche Energieforschung nimmt sich dieser Problematik an und plädiert dafür die sozialen Herausforderungen des neuen Energiesystems stärker zu beleuchten. Unter dem Begriff der Akzeptanz werden sozialwissenschaftliche Aspekte der Energietransformation diskutiert (Fraune et al. 2019, 3 f.). Eine in der Sozialwissenschaft häufig herangezogene Definition von Akzeptanz ist nach Lucke (2015, 104):

> *„die Chance, für bestimmte Meinungen, Maßnahmen, Vorschläge und Entscheidungen bei einer identifizierbaren Personengruppe ausdrückliche oder stillschweigende Zustimmung zu finden und unter angebbaren Bedingungen aussichtsreich auf deren Einverständnis rechnen zu können."*

Akzeptanz ergibt sich dabei aus dem Zusammenspiel von drei Komponenten. Sie entwickelt sich in einem Akzeptanzsubjekt, also einem Individuum oder einer Personengruppe, und richtet sich auf ein Akzeptanzobjekt, also die Energiewende oder im Speziellen ein bestimmtes Windkraftvorhaben. Beide Komponenten stehen nicht isoliert. Sie sind eingebettet in einen Akzeptanzkontext. Dieser Kontext sind die Rahmenbedingungen, die die Wahrnehmung und Einstellung des Akzeptanzsubjekts gegenüber dem Akzeptanzobjekt beeinflussen (Hoffmann et al. 2018, 8; Lucke 1995, 89). Akzeptanz ist somit das Ergebnis eines dynamischen Prozesses und kann vom Akzeptanzsubjekt auch wieder zurückgezogen werden, wenn sich der Kontext und dadurch Einstellungen ändern. Für die empirische Forschung ist folglich von zentraler Bedeutung von wem und unter in welchem Bedingungen Akzeptanz eingeräumt wird (Lucke 1995, 90). Vor diesem Hintergrund definieren Schäfer und Keppler (2013, 25) Akzeptanz wie folgt:

> *„Akzeptanz ist ein Resultat eines Wahrnehmungs-, Bewertungs- und Entscheidungsprozesses, aus dem eine bestimmte Einstellung und ggf. Handlung resultiert."*

Akzeptanz entsteht also im Individuum selbst. Über Informationen aus dem Kontext entsteht eine Wahrnehmung, die die Einstellung in Bezug auf das Akzeptanzobjekt und final die Bildung von Akzeptanz beeinflusst (Geßner & Zeccola 2019, 147 f.). Mögliche Reaktionen, die ein Akzeptanzsubjekt in Bezug auf ein

3.2 Akzeptanzforschung in der Energietransformation

Akzeptanzobjekt einnehmen kann, bewegen sich dabei zwischen passiver positiver oder negativer Einstellung (Befürwortung versus Ablehnung) und einem aktiven unterstützenden oder ablehnenden Verhalten (Unterstützung versus Widerstand) (Geßner & Zeccola 2019, 139 f.; Lucke 1995, 96; Zoellner et al. 2009, 32). Laut einer Studie (Local Energy Consulting 2020, 12) befürworten 71 Prozent der Bevölkerung die Energiewende und 11 Prozent unterstützen diese aktiv. 15 Prozent lehnen sie ab, tolerieren sie aber passiv durch ihr nicht aktives Verhalten, und 3 Prozent leisten aktiv Widerstand gegen sie. Abbildung 3.2 fasst die Akzeptanzdimensionen im Überblick zusammen.

	passiv	aktiv
EINSTELLUNG positiv	BEFÜRWORTUNG 71%	UNTERSTÜTZUNG 11%
EINSTELLUNG negativ	ABLEHNUNG 15%	WIDERSTAND 3%

VERHALTEN

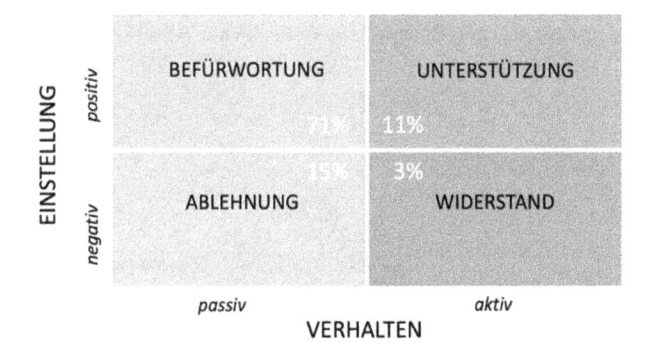

Abbildung 3.2 Akzeptanzdimensionen angelehnt an Zoellner et al. 2009

Von Akzeptanz soll in dieser Arbeit dann gesprochen werden, wenn kein aktiver Widerstand gegen das Akzeptanzobjektes erfolgt. Dies folgt der Auffassung von Ortwin Renn (2015, 135), der Akzeptanz in drei Stufen der Zustimmung aufteilt: aktives Engagement, positive Einstellung und Toleranz. Diese entsprechen den Akzeptanzdimensionen Unterstützung, Befürwortung und Ablehnung, wie oben in der Abbildung dargestellt. Unterstützung beschreibt hierbei das aktive Engagement für, Befürwortung die positive Einstellung gegenüber und Ablehnung die passive Toleranz des Windkraftvorhabens. Gleichzeitig vertritt Renn (2015, 135) aber auch die Auffassung, dass für einen gelungenen, positiven Diskurs in einer Gemeinde befürwortende und unterstützende Gemeindevertreter*innen und Bürger*innen besonders wichtig sind, da oft nur dann die Offenheit besteht aus den Prozessen zu lernen und diese zu optimieren. Für den Begriff der Akzeptanz fasst Renn (2015, 135) zusammen:

„Von daher sind eine positive Einstellung und ein aktives Engagement für die konkrete Umsetzung der Energiewende förderlich, aber im Sinne der Akzeptanz reicht es aus, wenn die geplante Neuerung toleriert wird."

3.2.2 Dimensionen der Sozialen Akzeptanz

Eine in der Wissenschaft etablierte Differenzierung von sozialer Akzeptanz stammt von Rolf Wüstenhagen, Maarten Wolsink und Mary Jean Bürer (2007, 2684 f.). In ihrem oft genutzten Modell „Triangle of Social Acceptance" definieren sie drei Dimensionen der sozialen Akzeptanz, die für Innovationen im Bereich der erneuerbaren Energien relevant sind (Abbildung 3.3): Die Marktakzeptanz, die sozio-politische Akzeptanz und die lokale Akzeptanz, die im Fokus dieser Arbeit steht (Wüstenhagen et al. 2007, 2684 f.; Wolsink 2018, 287 ff.).

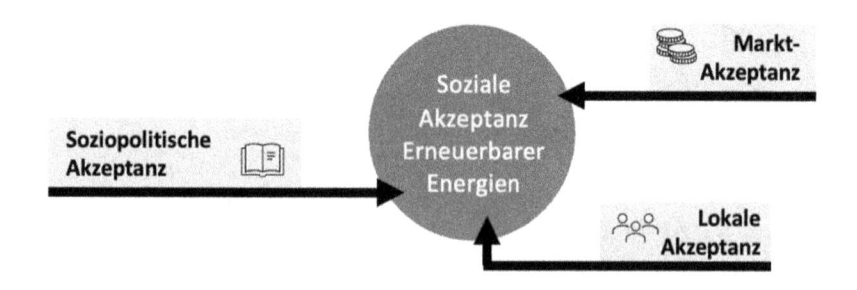

Abbildung 3.3 Dimensionen der sozialen Akzeptanz nach Wüstenhagen et al. (2007)

Die sozio-politische Akzeptanz (socio-political acceptance) beschreibt hierbei den gesellschaftlichen Diskurs und betrachtet, inwiefern sich neue Regeln und Gesetze in Bezug auf die Energietechnologie öffentlich etablieren und durchsetzen können. Zu nennen ist hierzu das Erneuerbare-Energien-Gesetz, welches seit 2000 die Stromeinspeisung erneuerbarer Energiequellen reguliert und regelmäßig novelliert wird (BMWK, 2022e). Laut einer Akzeptanzumfrage der Agentur für Erneuerbare Energien (2019) unterstützen 89 Prozent der Deutschen Bevölkerung den Ausbau erneuerbarer Energien.

Die Marktakzeptanz (market acceptance) beleuchtet, inwiefern die Energietechnologie wirtschaftlich akzeptiert wird. Verbraucher und Investoren fragen die neue Technologie idealerweise aktiv nach. In Deutschland zeigt sich die Marktakzeptanz beispielsweise darin, dass bereits 18 Prozent aller Haushalte in Deutschland Ökostrom beziehen. 2016 lag der Anteil noch bei rund 12 Prozent (Verbrauchs- und Medienanalyse 2016, 69; Verbrauchs- und Medienanalyse 2020, 57).

Die lokale Akzeptanz (community acceptance) richtet den Blick hingegen nicht auf das große Ganze, sondern auf individuelle Standortentscheidungen und wie diese von Gemeinden und Anwohner*innen bewertet und wahrgenommen werden. Die in dieser Masterarbeit durchgeführte Forschung fokussiert sich auf diese dritte Dimension und betrachtet, welche Aspekte auf die lokale Akzeptanz einwirken. Mit 41 Prozent ist der Anteil in der Bevölkerung, die sich vorstellen können unter gewissen Umständen an Protestaktionen gegen Windräder in der Wohnumgebung teilzunehmen, relativ hoch (IASS 2020, 25). Die Analyse der empirischen Forschung kann Hinweise geben, wodurch dieses Akzeptanzdefizit genährt wird.

Unter welchen Bedingungen sich Akzeptanz bildet, wird in den folgenden Theorien diskutiert. Renn und Hildebrand beschäftigen sich mit den allgemeinen (Renn 2015; Renn & Hildebrand 2019) und Hübner und Kolleg*innen mit den spezifisch lokalen Bedingungen (Hübner et al. 2020) für die Bildung von Akzeptanz.

3.2.3 Generelle Akzeptanzbedingungen

Renn (2015, 136 ff.) diskutiert vier generelle Bedingungen für Akzeptanz:

Der Aspekt *Orientierung und Einsicht* beschreibt, dass die Notwendigkeit einer Entscheidung gesehen und hinter dieser Entscheidung gestanden wird. Dies ist allerdings nur möglich, wenn Bürger*innen transparent und offen erklärt und vermittelt wird, warum diese Entscheidung wichtig war und welche Implikationen sie mit sich bringt, auch für die Region, in der betroffene Bürger*innen leben. Ein offener Austausch unterstützt, dass potentielle Konflikte gelöst werden.

Der Aspekt der *Selbstwirksamkeit* schafft Akzeptanz darüber, dass das Gefühl besteht, dass das eigene Handeln und die eigene Teilhabe am Prozess einen Effekt haben, Mitsprache gewollt ist und möglicherweise auch gewünschte Veränderungen darüber erreicht werden können. Dies bedeutet gleichzeitig auch, dass getroffene Entscheidungen in Frage gestellt oder verhindert werden könnten.

Die positive *Nutzen-Risiko-Bilanz* ist die dritte Akzeptanzbedingung. Eine positive Bilanz entsteht, wenn die Überzeugung gestärkt wird, dass Folgen einer Entscheidung positive Effekte auf die eigene Person, nahestehende Personen und die Allgemeinheit haben. Auch dies ist wiederum nur möglich, wenn ausreichend Informationen vorhanden sind, um sowohl Risiko als auch Nutzen zu bewerten. Renn und Hildebrand (2019, 266) merken allerdings auch an, dass die Risikobewertung von Fachexperten oft anders ausfallen als die von betroffenen Bürger*innen. Das macht auch die Entstehung von Konflikten wahrscheinlicher.

Der Aspekt der *Identität* wird gestärkt, wenn sich Personen auch emotional mit einer Entscheidung identifizieren können. Hierzu sind besonders Informationen relevant, die helfen die Auswirkungen auf das eigene Lebensumfeld abschätzen zu können und wie sich dies beispielsweise auch visuell verändert. Positiven Einfluss hat hierbei auch das gemeinschaftliche betreiben von Windanlagen.

Ein Prozess des Austausches und somit auch dialogorientierte Beteiligungsprozesse sollten Bezug auf diese Bedingungen nehmen, um Akzeptanz zu fördern. Gleichzeitig wirkt sich auch die Beteiligungstiefe darauf aus, wie stark die einzelnen Akzeptanzbedingungen gestärkt werden können. Werden lediglich Informationen kommuniziert, ohne aktiv die Möglichkeit der Mitgestaltung zu geben, kann Akzeptanz unter Umständen schwerer erreicht werden, so Renn und Hildebrand (2019, 267).

3.2.4 Bedingungen der lokalen Akzeptanz von erneuerbaren Energien Anlagen

Ähnliche, jedoch spezifisch an der lokalen Ebene orientierte Ergebnisse liefert eine Studie um Gundula Hübner und Kolleg*innen (2020, 15 ff.). In einer empirischen Forschung untersuchten sie akzeptanzfördernde Faktoren, die spezifisch sind für Anlagen zur Gewinnung erneuerbarer Energien. In ihrem Ansatz befragten sie Expert*innen und Anwohner*innen und ermittelten fünf Faktoren, die maßgebend Einfluss nehmen auf die lokale Akzeptanz:

Wirtschaftliche Aspekte: In der Befragung zeigte sich, dass Akzeptanz stark abhängig ist von der Höhe des erwarteten wirtschaftlichen Nutzens der Anlagen. Monetäre Beteiligungskonzepte können hierbei von großer Relevanz sein.

Einstellungen zur Energiewende: Eine positive Umsetzung der Energiewende führt zu Akzeptanz. Verteilungsungerechtigkeiten von Anlagen, unklare energiepolitische Abstimmungen zwischen Bundesländern oder auf Grund von Netzengpässen zeitweise abgestellte Anlagen stoßen jedoch auf Unverständnis und führen zu einer Minderung der Akzeptanz.

Vertrauen in Akteure: Freiwillige Informations- und Beteiligungsformate beeinflussen die Akzeptanz. Relevant ist hierbei vor allem das gefühlte Vertrauen gegenüber den für Planung und Bau verantwortlichen Personen. Entsteht in Veranstaltungen das Gefühl von Glaubwürdigkeit gegenüber diesen Personen, kann dies positiv auf die Akzeptanz einwirken.

Belastung für Natur und Mensch: Steht eine Anlage im Konflikt mit dem Wohl von Mensch und Natur bröckelt die Akzeptanz weiter. Je stärker ein Projekt als Belastung für Wohnumfeld, Landschaft oder Tierwelt wahrgenommen wird, je mehr sinkt die Akzeptanz.

Soziale Normen: Menschen orientieren sich an den Meinungen anderer. Die Studie zeigte, wenn auch in geringerem Maße, dass sobald eine positive Meinung in einem Ort gegenüber einer Anlage besteht, wirkt sich dies auch positiv auf eher kritische Personen aus.

Beide dargestellten Modelle zur Akzeptanzförderung werden für den späteren Abgleich mit den Ergebnissen aus der Empirie herangezogen.

3.3 Zum Verhältnis von Beteiligung und Akzeptanz

Der Einblick zeigt, dass dialogorientierte Beteiligung und Akzeptanz Schlüsselfaktoren einer erfolgreichen Energietransformation sind. Formate der informellen Beteiligung sind etablierte Ansätze in der heutigen Demokratie, die bei genauer Betrachtung im Spannungsfeld zwischen repräsentativer und deliberativer, partizipativer Demokratie verortet werden können. Die Gestaltungsmacht, die Beteiligungsprozesse entwickeln können, ist unumstritten und ihr Nutzen vielfältig (Bohn & Fuchs 2020, 3 f.; Nanz & Fritsche 2012, 125; Newig 2005, 104 f.; Renn 2015, 141 f.; Renn 2013, 79 f.; Schweizer & Renn 2013, 43 f.):

- Der Einbezug von unterschiedlichsten Stakeholdern, wie betroffene Bürger*innen, soll gewährleisten, dass Entscheidungen auf Basis von umfangreichem Wissen getroffen werden, die unterschiedlichste Perspektiven einbeziehen, um die Komplexität einer Situation besser zu verstehen und zu beleuchten.
- Durch den gemeinsamen Austausch und den offenen Dialog, können auch Entscheidungsträger*innen die jeweiligen Werte und Vorlieben der Bürger*innen besser verstehen.
- Gleichzeitig sollen mögliche Konflikte, die zwischen Politik und Bürger*innen bestehen durch den Dialog geschmälert oder sogar gelöst werden.

- Durch eine tiefere demokratische Beteiligung kann das Wissen um demokratische Prozesse bei Bürger*innen gestärkt und langfristig, bei konsequenter und ernst gemeinter Anwendung, auch das Vertrauen in die Demokratie wiederbelebt werden.
- Auch die Legitimation von politischen Entscheidungen und die Akzeptanz dieser in der Bevölkerung kann idealerweise durch die partizipativen Prozesse gestärkt werden.

Beteiligung kann hierbei ein Weg sein, um Akzeptanz für politische Entscheidungen der Energietransformation in der Bevölkerung zu stärken. Wichtig ist dabei ein Blick auf die Ausrichtung und Zielsetzung des Prozesses. Ist Akzeptanzbeschaffung zu einem bestehenden Vorhaben das einzige Ziel eines Beteiligungsformates, kann es im Verdacht stehen lediglich der Imagepflege und der eigenen Machtsicherung zu dienen (Best 2019, 9 f.). Diese Form der möglichen Instrumentalisierung von Beteiligung steht einem offenen Ansatz von Beteiligung gegenüber, der einen heterogenen Interessensaustausch fördert und daran interessiert ist gemeinsam tragfähige Lösungen zu entwickeln, auch wenn dies bedeutet, andere als die bereits geplanten Lösungen zu finden (Best 2019, 23 ff.; Bohn & Fuchs 2020, 2). Viel Beteiligung bedeutet nicht automatisch eine hohe Akzeptanz, aber sie ist eine Chance einen wertschätzenden Dialog zu etablieren, der die Bildung von Akzeptanz unterstützt.

Im Folgenden wird passend zur bislang erörterten Theorie die dieser Arbeit zugrunde liegende empirische Forschung vorgestellt, analysiert welche Defizite aktuell in dialogorientierten Beteiligungsformaten vorherrschen und dargestellt, wie diese auf Akzeptanzfaktoren einwirken.

Fallbeispiel Energiewende in der Eifel 4

4.1 Räumliche Verortung und Status Quo

Die empirische Arbeit betrachtet Beteiligungsprozesse innerhalb von zwei Windparkvorhaben in der Eifel, im Westen Deutschlands. Die Großlandschaft Eifel ist Teil eines Mittelgebirgszuges und erstreckt sich über Nordrhein-Westfalen und Rheinland-Pfalz auf deutscher Seite sowie zu kleinen Teilen in Belgien (Landesamt für Natur, Umwelt und Verbraucherschutz Nordrhein-Westfalen 2020). In der 5300 Quadratkilometer großen Region leben etwa eine Million Menschen. Das Potential für Wind ist durch die exponierte Lage in der Mittelgebirgs-Region hoch (Bundesverband Windenergie 2022). In der teils dünn besiedelten Eifel wurden schon in den frühen 1990er Jahren erste Windräder gebaut. Die Region kann somit auf einen langen Erfahrungsschatz im Bau von Windkraftanlagen zurückgreifen und damit möglicherweise auch auf Beteiligungsprozesse.

Die betrachteten Vorhaben in der Eifel befinden sich in unterschiedlichen Phasen der Umsetzung. In Gemeinde 1 ist der Prozess um die Errichtung der Windkraftanlagen bereits in der Bau- und Betriebsphase angelangt. Einige Windräder sollen dort via Repowering ersetzt werden. Die Orte, in welchen die Bürger*innen befragt wurden, liegen dabei in direkter Sicht zu dem Windpark. Gemeinde 2 ist im Prozess der Flächennutzungsplanung und ermittelt aktuell Potentialflächen, die im Flächennutzungsplan als Konzentrationszonen für Windkraft ausgewiesen werden sollen. Die Orte, in welchen die Bürger*innen befragt wurden, liegen auch hier in besonderer Nähe zu einer der möglichen Potentialflächen.

© Der/die Autor(en), exklusiv lizenziert an Springer Fachmedien Wiesbaden GmbH, ein Teil von Springer Nature 2023
K. Kiefer, *Dialog als Erfolgsfaktor in der Akzeptanzforschung*, BestMasters,
https://doi.org/10.1007/978-3-658-43588-2_4

4.2 Methodisches Vorgehen

Die empirische Studie verfolgt einen qualitativen Forschungsansatz, der ein problemzentriertes und lösungsorientiertes Vorgehen umfasst. Nachfolgend soll ein stärkerer methodischer Einblick in Aufbau und Umsetzung der Studie gegeben werden.

Das Grundprinzip eines qualitativen Forschungsdesigns ist die Offenheit (Mayring 2010, 225 ff.). Sie lässt Freiräume für die Besonderheiten eines Forschungsgegenstandes. Die geplante Feldstudie hat den Anspruch den Kontext von dialogorientierten Beteiligungsprozessen in zwei Gemeinden in der Eifel ganzheitlich zu verstehen. Dabei ist es oft nicht sinnvoll im Vorfeld der Studie Hypothesen aufzustellen, um diese später zu prüfen, wie es in einem rein deduktiven Vorgehen der Fall ist. Wie die theoretischen Vorbetrachtungen gezeigt haben, sind Beteiligungsprozesse sehr komplex und ihr Erfolg oft abhängig von unterschiedlichsten Kontextfaktoren. Ein induktives Vorgehen zieht Erkenntnisse aus Beobachtungen und Interviews, die dann zu Zusammenhängen verdichtet werden (Schumann 2018, 131 ff.). Dieser induktive Ansatz hat in der folgenden empirischen Analyse den Vorrang. Die vorgestellten Theorieelemente aus Kapitel 3 werden bei Bedarf in der Analyse ergänzend herangezogen. Die qualitative Forschung lässt dieses Vorgehen zu und stellt den idealen Ansatz für die Beantwortung der unter 1.3 genannten Forschungsfragen dar.

Im Folgenden wird der methodische Aufbau der empirischen Arbeit im Detail erläutert. Stichprobe, Stichprobenziehung, Erhebungsinstrumente, Durchführung sowie die Auswertung werden dargelegt.

4.2.1 Empirische Basis – die Stichprobe

Die Fragestellung soll aus verschiedenen Sichtweisen heraus holistisch betrachtet werden, um einseitige Verzerrungen zu verhindern und um Erkenntnismöglichkeiten zu erweitern. Dieses Prinzip wird unter dem Begriff der Triangulation zusammengefasst. Die Datentriangulation kombiniert dabei Daten, die aus unterschiedlichen Quellen beziehungsweise von unterschiedlichen Personengruppen kommen (Denzin 1970, 310; Flick 2011, 11 ff.). Auf diese Weise erfolgt die Betrachtung des Forschungsgegenstandes aus unterschiedlichen Perspektiven und ermöglicht so eine stärkere Validierung. Ursprünglich sollten lediglich Bürger*innen und Expert*innen für dialogorientierte Beteiligung Teil der Befragung sein. Während der Recherche zu den theoretischen Grundlagen wurde jedoch klar, dass auch die Sichtweise von Gemeindevertreter*innen eine starke Relevanz für

4.2 Methodisches Vorgehen

das Gesamtverständnis der Fragestellung hat. Die Stichprobe wurde um diese Personengruppe ergänzt.

Die Auswahl der Personen erfolgte, wie in der qualitativen Forschung üblich, über eine absichtsvolle Stichprobenziehung (Schreier 2010, 241). Dies bedeutet, dass die Fallauswahl nicht zufällig, sondern bewusst und gezielt über spezifische Quoten getroffen wird, um einen möglichst großen Erkenntnisgewinn in Bezug auf die Forschungsfrage zu erzielen. Im folgenden Kapitel werden die Quoten, also die Auswahlbedingungen für die drei untersuchten Zielgruppen im Detail dargestellt. Abbildung 4.1 zeigt die geografische Verortung der drei Zielgruppen, wobei die befragten Expert*innen aus ganz Deutschland sowie Österreich stammen.

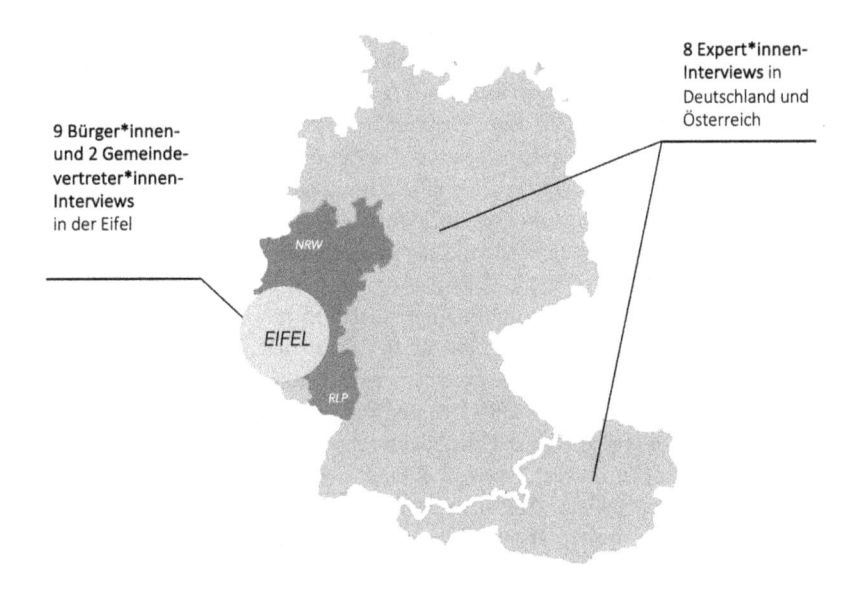

Abbildung 4.1 Stichprobe der empirischen Arbeit. (Eigene Darstellung)

Der Erkenntnisgewinn, der aus der Befragung jeder Zielgruppe gezogen werden soll, stellt sich folgendermaßen dar.

*Expert*innen:* Die Interviews mit Beteiligungsexpert*innen geben einen allgemeinen Einblick in die Beteiligungspraxis. Ziel war es Erkenntnisse aus ihrem breiten Erfahrungsschatz mit Dialogprozessen zu ziehen. Expert*innen haben einen vielschichtigen Einblick in den Prozess der informellen Beteiligung und können konkret und präzise auf Defizitbereiche und Herausforderungen hinweisen. Die Ansprache erfolgte nach einer Online-Recherche über eine E-Mail mit Informationen zu der Masterarbeit und mit der Frage nach der Bereitschaft für die Teilnahme an einem Interview.

Bürger*innen: Die Interviews mit Bürger*innen sollten einen konkreten Einblick in den Kontext der betrachteten Windkraftvorhaben und in das dortige Beteiligungsverständnis geben. Ziel war es betroffene Bürger*innen in den beiden genannten Gemeinden zu befragen. Für die empirische Studie wurde Betroffenheit so definiert, dass teilnehmende Bürger*innen in der Nähe der sich in Planung oder im Bau befindenden Windkraftanlage wohnen. Angestrebt war, dass die Bürger*innen idealerweise unterschiedliche Sichtweisen auf das Akzeptanzobjekt, das Windkraftvorhaben, besitzen. Der Erkenntnisgewinn liegt in der Beantwortung der folgenden Fragen: Wie werden Beteiligungsprozesse wahrgenommen? Welche Defizite und Spannungsfelder werden angesprochen? Welcher Nutzen wird in informellen Beteiligungsformaten gesehen? Wie ordnen die betroffenen Bürger*innen Beteiligungsprozesse zu Windkraftprojekten in den Gesamtkontext der Gemeinde ein? Angesprochen wurden die Bürger*innen über einen via Posteinwurf verteilten Flyer. Dieser enthielt Informationen zum Vorhaben der Masterarbeit und die Bitte um Rückmeldung. Angegeben waren verschiedene Kontaktmöglichkeiten, um einen einfachen Zugang zur Forschung zu ermöglichen. Es wurde eine offizielle E-Mail-Adresse der Universität genutzt, um Glaubwürdigkeit und Vertrauen zu schaffen. Gleichzeitig wurde eine Handynummer angegeben und jeweils ein Account auf den verbreiteten Messenger-Diensten WhatsApp und Telegram angelegt, um bekannte Kontaktmöglichkeiten zu schaffen. Als dritte Option stand ein QR-Code zur Verfügung, der beim Einlesen über das Smartphone zu einem Online-Fragebogen führte. Dieser gab die Möglichkeit Kontaktdaten (anonym) anzugeben und enthielt gleichzeitig einige Fragen zum jeweiligen Windkraftprojekt. Auf diese Weise konnte bereits vor dem Interview eingeschätzt werden, welche Einstellung gegenüber Windkraft bei der jeweiligen Person dominierte.

Gemeindevertreter*innen: Als dritte Gruppe sollten Personen befragt werden, die Verantwortlichkeiten in der kommunalen Bauleitplanung in den untersuchten Gemeinden inne haben. Auf diese Weise sollte die Sichtweise der Gemeinden auf dialogorientierte Beteiligungsprozesse beleuchtet werden. Wie gehen Gemeinden mit informellen Beteiligungsprozessen um? Welchen Stellenwert nehmen diese ein? In welchem Kontext der Gemeinde sind sie verankert? Die Ansprache erfolgte über E-Mail und Telefon.

4.2.2 Erhebungsinstrument und Durchführung

Methodisch kommt in der Feldstudie ein halbstandardisiertes Leitfadeninterview für Einzelinterviews als Erhebungsinstrument zum Einsatz. Die Halbstandardisierung gibt dem Interview einen Rahmen, lässt jedoch die Chance individuell auf jede befragte Person einzugehen und das Interview an den Stellen zu vertiefen, an denen relevante Informationen gewonnen werden können. Offene Fragen sind charakteristisch für einen solchen Leitfaden (Hussy et al. 2013, 225 f.). Das Interview bietet den Vorteil sehr individuell auf die Anliegen einer einzelnen Person eingehen zu können. Auf diese Weise können Facetten vertieft werden, die von der jeweiligen Person angesprochen werden und nachfragewürdig sind. Zudem bietet das Interview die Flexibilität auf die zeitlichen Präferenzen des Gesprächspartners einzugehen. Bei Gruppendiskussionen ist diese Flexibilität sehr eingeschränkt. Der Bau von Windkraftanlagen ist zudem oft auch ein emotionales Thema. Befragten sollte ein geschützter Gesprächsraum geboten werden, in welchem sie ohne Ängste und Hemmungen ihre Meinung äußern können (Imms & Ereaut 2002, 119 ff.). Basierend auf der Theorie-Recherche und der Problemstellung wurde pro Befragungsgruppen jeweils ein Leitfaden erstellt, der für ein etwa 30 bis 45-minütiges Gespräch konzipiert war. Die methodische Konzeption erfolgte auf Grundlage wissenschaftlicher Erkenntnisse der qualitativen Sozialforschung (Flick 2011, 33 ff., Hussy et al. 2013, 224 ff.). Im Folgenden werden die Quoten für die Auswahl, die Durchführung der Interviews und der Leitfäden pro Stakeholder-Gruppe vorgestellt.

Expert*innen:
Anfang September 2021 wurde über eine Internetrecherche begonnen nach Beteiligungsexpert*innen zu suchen. Ziel war es Expert*innen mit unterschiedlichen Erfahrungen und Hintergründen einzuladen. Eine harte, also zwingende Quote für die Teilnahme war dabei, dass die Personen im Bereich Beteiligung tätig waren und über mehrere Jahre Berufserfahrung verfügten. Dies wurde online über die Internetrecherche geprüft. Weitere betrachtete, aber nicht zwingende Quoten, waren zudem die Länge der Berufserfahrung, ob eine Selbstständigkeit oder Anstellung (plus Institutsgröße) vorlag, ob ein Bezug zu Beteiligungsprozessen im Energiebereich bestand und ob die Tätigkeit einen akademischen Bezug hatte. Die Suche führte zunächst zu neun Ergebnissen. Diese Personen wurden via E-Mail angesprochen. Nach einer weiteren Internetsuche einige Wochen später wurden erneut vier Expert*innen via E-Mail angeschrieben. Aus diesen 13 Kontaktaufnahmen ergaben sich drei Expert*innen-Interviews.

Zudem konnte die breite Vernetzung von zwei Kontaktpersonen genutzt werden. Beide haben nach ihrem Interview proaktiv weitere Beteiligungsexpert*innen empfohlen, die aus ihrer Sicht eine sinnvolle Ergänzung der Stichprobe darstellten. Dadurch konnten mit Hilfe des Schneeballverfahrens (Hussy et al. 2013, 193 ff.) vier weitere Expert*innen für die Interviews gewonnen werden. Hier sei der Hinweis gegeben, dass eine Beteiligungsexpertin im Raum Wien, Österreich tätig war. Ein deutscher Fachbeitrag machte auf sie aufmerksam. Da sich Österreich im deutschen Sprachraum befindet, beide Länder Agenda 21 Prozesse fördern, kommunale Strukturen aufweisen und vor ähnlichen gesellschaftlichen Transformationsherausforderungen stehen, wurde entschlossen sie für ein Gespräch anzufragen. Der Erkenntnisgewinn wurde als höher bewertet als der Nachteil, dass sie nicht in Deutschland tätig war. Ihre Empfehlungen für weitere Expert*innen umfassten Personen aus Deutschland und Österreich. Insgesamt wurden so drei weitere Interviews mit Expert*innen geführt, die in Österreich tätig waren. Auch ein Beteiligungsexperte, der in den beforschten Gemeinden selbst einen Beteiligungsprozess zu den Windkraftvorhaben moderiert hatte, konnte als Interviewteilnehmer gewonnen werden. Insgesamt wurden aus 22 Kontaktaufnahmen acht Expert*innen-Interviews generiert. Zudem konnte ein guter Mix aus weiblichen und männlichen Expert*innen und ein diverses Erfahrungs- und Tätigkeitsspektrum in der Stichprobe erzielt werden. Die Expert*innen waren meist in kleinen Instituten oder als selbstständige Prozessbegleiter*innen tätig. Eine sinnvolle Ergänzung der Stichprobe wären Expert*innen aus größeren Bürgerbeteiligungs-Instituten gewesen. Eine Zusage für ein Interview konnte jedoch trotz Nachfrage nicht erreicht werden. Tabelle 4.1 stellt alle durchgeführten Interviews anonymisiert dar.

4.2 Methodisches Vorgehen

Tabelle 4.1 Übersicht Teilnehmende der Expert*innen-Interviews

Teilnehmernummer	Interviewlänge	Geschlecht	Tätigkeit
IDI#1E	50 Minuten	weiblich	Prozessbegleiterin
IDI#2E	52 Minuten	männlich	Leiter einer Forschungsgruppe für Partizipation und Transformation
IDI#3E	51 Minuten	weiblich	Prozessbegleiterin
IDI#4E	52 Minuten	männlich	Prozessbegleiter und Ingenieurkonsulent für Raumplanung
IDI#5E	67 Minuten	männlich	Bürgerbeteiligungsexperte und Politikberater
IDI#6E	60 Minuten	weiblich	Beraterin für Bürgerbeteiligungsprozesse in Gemeinden
IDI#7E	66 Minuten	männlich	Bürgerbeteiligungsexperte
IDI#8E	77 Minuten	männlich	Moderator für Bürgerbeteiligungsprozesse

Während der Suche nach den Expert*innen wurde der Leitfaden konzipiert. Dieser untergliedert sich in vier Teilbereiche:

- Vorstellung (5 Minuten): Hier wurden einleitende Informationen zu der Masterarbeit gegeben und um die Erlaubnis der Audio-Aufzeichnung gebeten. Es sollte eine entspannte Umgebung für den / die Teilnehmer*in geschaffen werden und der genaue berufliche Hintergrund der Expert*innen geklärt werden.
- Erfahrungen mit Beteiligung in der Praxis (15 Minuten): In diesem Abschnitt sollte exploriert werden, wie die Erfahrungen der Expert*innen mit informellen, dialogorientierten Beteiligungsprozessen sind. Dies bot einen wichtigen Kontext für die anschließende Diskussion zu Defiziten und Herausforderungen. Die verwendeten Fragetechniken waren hier verstärkt episodisch-narrativ (Wissen zu Situationen und Kontext generieren) und begrifflich-semantisch (Fokus auf Wahrnehmung von Begriffen) und stellen eine methodeninterne Triangulation dar (Flick 2010, 281).
- Beurteilung von Theoriekonzepten (10 Minuten): Dieser Bereich sollte tiefere Einblicke in zentrale Elemente erfolgreicher Beteiligungsprozesse geben.

Theoriekonzepte sollten ungestützt und gestützt (wie zur Akzeptanz von Renn, 2015 und Hübner et al. 2020) exploriert und mit der Praxis abgeglichen werden. Ziel war es, mögliche Defizite in deren aktuellen Umsetzung zu entdecken. Die Fragetechniken waren in diesem Abschnitt vielfältig: verstärkt episodisch-narrativ, begrifflich-semantisch.

- Abschluss (5 Minuten): Zum Abschluss wurde den Expert*innen der Raum gegeben weitere wichtige Gedanken zu äußern, die unter Umständen noch nicht besprochen wurden.

Die Durchführung der Interviews erfolgte online zwischen dem 24.09.2021 und dem 24.11.2021. Vor den Interviews mit den Expert*innen erfolgte kein Pretest. Es wurde jedoch nach den ersten vier Interviews eine zeitliche Pause eingelegt, um über die Gespräche zu reflektieren und nötige Anpassungen vornehmen zu können. In der Reflektion der Interviews wurde gesehen, dass spezifische Spannungsfelder in der Arbeit der Expert*innen auftreten. Zu diesen Spannungsfeldern wurden zusätzliche Fragen im Leitfaden ergänzt. Die übergeordneten Themenfelder waren grundsätzlich sinnvoll und wurden beibehalten. Zeitlich überstiegen die meisten Interviews die geplante Zeit von 30 bis 45 Minuten. Dies geschah durch die Offenheit und intrinsische Motivation der Expert*innen dem Interview gegenüber. In den noch folgenden Gesprächen wurde der längere Zeitbedarf kommuniziert und es wurde den Expert*innen die Möglichkeit gegeben das Gespräch jederzeit zu beenden.

*Bürger*innen:*
Die Suche nach betroffenen Bürger*innen erfolgte verstärkt im Oktober 2021 in zwei Wellen. In einer ersten Welle am 04.10.2021 wurden etwa 100 der erstellten Flyer in beiden beforschten Gemeinden verteilt. Dies erfolgte durch Posteinwurf in die Briefkästen der Anwohner*innen. Zudem wurden an einigen zentralen Orten wie Einkaufszentren Flyer ausgelegt. Während die Flyer verteilt wurden, ergab sich auch die Möglichkeit mit einigen Anwohner*innen spontan ins Gespräch zu kommen. Auf diese Weise entstanden erste Interviews, die einen Einblick in die Stimmung in Bezug auf die Windkraftprojekte gaben. Dies war sehr hilfreich. Bürger*innen gaben gleichzeitig an, dass sie sich wahrscheinlich nicht aktiv auf den Flyer zurückgemeldet hätten, waren aber offen für ein spontanes Gespräch. In der zweiten Welle sollte dieser Umstand berücksichtigt werden und wenn möglich erneut spontane Interviews durchgeführt werden. Der Leitfaden und Notizbögen wurden vorbereitend mitgenommen. Während der zweiten Welle, am 23.10.2021, wurden etwa 50 weitere Flyer in beiden Gemeinden via Posteinwurf verteilt. Es ergaben sich erneut zwei spontane Gespräche.

4.2 Methodisches Vorgehen

Als harte Quote für die Rekrutierung der Teilnehmenden war der Wohnort festgelegt. Der oder die Befragte musste nah am Windkraftvorhaben leben. Als weiche Quoten dienten das Alter, das Geschlecht und die Einstellung zum Windkraftvorhaben (Akzeptanzdimensionen). Idealerweise sollte hier eine heterogene Stichprobe erzielt werden. Dies konnte nicht ganz erreicht werden. Ein bis zwei weitere negative Einstellungen gegenüber der Windkraft wären für die Gespräche interessant gewesen. Tabelle 4.2 bietet eine Übersicht über alle Bürger*innen, die an einem Interview teilgenommen haben. Die Interviews erfolgten Face-to-Face im Ort selbst oder via Telefon. Dies wurde von den Bürger*innen einem Video-Interview, der Einfachheit wegen, vorgezogen. Den Teilnehmer*innen wurde ein anonymes Vorgehen versprochen.

Tabelle 4.2 Übersicht Interviews mit Bürger*innen

Teilnehmernummer	Interviewlänge	Geschlecht	Alter	Einstellung Akzeptanzobjekt
IDI#1B	10 Minuten	männlich	50 – 59 Jahre	Befürwortung
IDI#2B	15 Minuten	weiblich & männlich (Paar mit Kleinkind)	30 – 39 Jahre	Befürwortung
IDI#3B	05 Minuten	weiblich	30 – 39 Jahre	k. A.
IDI#4B	05 Minuten	weiblich	50 – 59 Jahre	Befürwortung
IDI#5B	25 Minuten	weiblich	60 – 69 Jahre	Befürwortung
IDI#6B	32 Minuten	männlich	30 – 39 Jahre	Befürwortung
IDI#7B	36 Minuten	männlich	40 – 49 Jahre	Befürwortung
IDI#8B	58 Minuten	weiblich	50 – 59 Jahre	Widerstand
IDI#9B	59 Minuten	männlich	60 – 69 Jahre	Unterstützung

Zusammenfassend lässt sich festhalten, dass aus 150 verteilten Flyern neun Interviews generiert werden konnten. Es wurden viert qualitative Telefoninterviews und fünf Interviews vor Ort durchgeführt. Auf die Flyer meldeten sich sechs Personen zurück (5 × via QR-Code und 1 × via WhatsApp). Aus diesen sechs Rückmeldungen entstanden vier Interviews. Mit zwei Personen konnte kein Interviewtermin vereinbart werden. Eine Person hatte keine Telefonnummer angegeben und die andere konnte unter der angegebenen Nummer nicht erreicht werden.

Die Konzeption des Leitfadens für die Interviews mit Bürger*innen begann bevor die Flyer mit dem Aufruf zur Teilnahme verteilt wurden. Auf diese Weise wurde sichergestellt, dass auch für spontan entstehende Gespräche vor Ort ein Leitfaden zur Verfügung stand. Der Leitfaden untergliedert sich in folgende vier Teilbereiche:

- Vorstellung und Warm-up (5 Minuten): Hier wurden kurz einleitende Informationen zu der Masterarbeit gegeben und um die Erlaubnis der Audio-Aufzeichnung gebeten. Der / die Teilnehmer*in sollten sich vorstellen und mit der Situation vertraut werden. Durch diese Aufwärmphase sollte eine sichere, entspannte Umgebung für den / die Teilnehmer*in geschaffen werden in der diese/r sich gerne äußert.
- Lebenswelt und Erfahrungen mit Beteiligung (20 Minuten): In diesem Abschnitt sollten Lebenswelt und Einstellungen der Bürger*innen exploriert werden und inwieweit Bürger*innen von (Details zu) dem Windanlagen-Projekt und darauf bezogene informelle Beteiligungsveranstaltungen gehört haben. Dies bot einen wichtigen Kontext für die anschließende Diskussion zu Defiziten und Herausforderungen, die möglicherweise im Prozess gesehen wurden. Fragetechniken waren hier verstärkt episodisch-narrativ und begrifflich-semantisch.
- Theorie (10 Minuten): Dieser Bereich sollte tiefere Einblicke in zentrale Elemente erfolgreicher Beteiligungsprozesse aus Sicht der Bürger*innen geben. Über gezielte Fragen wurden indirekt Theoriekonzepte (wie zur Akzeptanz von Renn 2015 und Hübner et al. 2020) exploriert und mit der Praxis abgeglichen. Ziel war es mögliche Defizite in der aktuellen Umsetzung aus Bürgersicht zu entdecken. Die Fragetechniken waren in diesem Abschnitt meist episodisch-narrativ und begrifflich-semantisch. Zeitlich lag der Fokus jedoch auf der Lebenswelt der Teilnehmer*innen, da in diesem Teil mit großer Wahrscheinlichkeit bereits Aspekte angesprochen wurden, die indirekt Hinweise auf Akzeptanzfaktoren gaben.
- Abschluss (5 Minuten): Hier sollte den Befragten Raum gegeben werden eventuell noch nicht angesprochene Aspekte äußern zu können.

4.2 Methodisches Vorgehen

Mittels eines Pretests vor Beginn der ersten Interviews konnte festgestellt werden, dass die gewählten Themenbereiche relevant für das Gespräch sind. Der zeitliche Rahmen von 30 bis 45 Minuten bestätigte sich als angemessen. Es zeigte sich aber auch, dass ein sehr individuelles Gespräch zum Kontext des Windvorhabens zustande kam. Ein spezifisches Eingehen auf jede Person im Interview war relevant. Im Leitfaden wurde dazu entsprechend Raum geschaffen. Nach den ersten Gesprächen wurde zusätzlich die Frage aufgenommen, ob die befragten Bürger*innen selbst Flächen besitzen, die für Windkraftvorhaben genutzt werden können. Dies war wichtig, um die Meinung der Befragten besser kontextualisieren zu können.

Gemeindevertreter*innen:
Die dritte Säule der Empirie waren die Gemeinden selbst. Zwingend für die Suche nach Interviewpartnern waren die Quoten, dass die Personen in den beiden beforschten Gemeinden ansässig, dort in Verwaltung oder Politik tätig waren und Wissen über den geplanten Windkraftausbau hatten. Mittels einer ersten Internetrecherche Anfang September konnten erste Kontakte herausgefunden werden. Nicht alle möglichen Gesprächspartner waren zu einem Gespräch bereit. In Gemeinde 2 konnte ein direkter Kontakt zum Fachbereich Bau und Umwelt hergestellt werden, in welchem die Bau- und Genehmigungsplanung für Windenergie angesiedelt war. Die zuständige Person schlug proaktiv die Möglichkeit eines Gespräches vor. Diese wurde angenommen und ein Gespräch vereinbart. Auch für die Gemeinde 1 wurde ein Kontakt recherchiert. Nach mehreren Kontaktaufnahmen mit dem Bürgermeister der Gemeinde konnte auch hier ein Kontakt zum Fachbereich Bau hergestellt werden. Ein Interview via Telefon folgte mit einer Gemeindevertreterin, die selbst in einem Beteiligungsprozess zu dem beforschten Windkraftvorhaben involviert war. In einem der Interviews mit Bürger*innen stellte sich im Gespräch heraus, dass der Teilnehmer ein Mitglied im Gemeinderat war. Auf diese Weise konnten zusätzliche Informationen aus Gemeindevertreter*innen-Sicht gewonnen werden. Aus diesen Gründen ist das Interview in Tabelle 4.3 aufgenommen.

Tabelle 4.3 Übersicht Teilnehmende Gemeindevertreter*innen-Interviews

Teilnehmernummer	Interviewlänge	Geschlecht	Tätigkeit
IDI#1G	60 Minuten	männlich	Erstellung von Flächennutzungsplänen für Windkraft in einer Gemeinde in der Eifel
IDI#2G	34 Minuten	weiblich	Erstellung von Flächennutzungsplänen für Windkraft in einer Gemeinde in der Eifel
IDI#9B	59 Minuten	männlich	Mitglied in einem Gemeinderat in der Eifel und Anwohner

Die Konzeption des Leitfadens für die Gemeindevertreter*innen erfolgte zeitgleich mit der Erstellung der Leitfäden für Expert*innen und Bürger*innen. Auch dieser untergliederte sich in vier Teilbereiche:

- Vorstellung: (5 Minuten) Auch hier wurden kurz einleitende Informationen zu der Masterarbeit gegeben und um die Erlaubnis der Audio-Aufzeichnung gebeten. Es sollte eine offene Gesprächsatmosphäre geschaffen werden und der genaue berufliche Hintergrund der Gemeindevertreter*innen geklärt werden.
- Informationen zur Situation der Gemeinde und des konkreten Windkraft-Projektes (15 Minuten): Es sollte geklärt werden, wie der genaue Stand, z. B. in Bezug auf die Bau- und Genehmigungsplanung, ist. Zudem sollte das geplante Vorgehen und die Atmosphäre dazu in der Gemeinde erfragt werden.
- Beteiligungsverständnis (10 Minuten): In diesem Abschnitt sollte ein Verständnis für die Relevanz von Beteiligung in der Gemeinde erhalten sowie erfragt werden, ob und welche informellen Beteiligungsprozesse geplant sind.
- Abschluss (10 Minuten): Das empirische Vorgehen in der Gemeinde sollte kommuniziert werden und den Gemeindevertreter*innen sollte Raum für weitere Anmerkungen gegeben werden.

Ein Pretest wurde mit dieser Stakeholder-Gruppe nicht realisiert, da die Position der Teilnehmenden dies nur schwer zugelassen hätte.

Zusammenfassend kann festgehalten werden, dass alle 19 Gespräche sehr angenehm und die Interviewpartner*innen aufgeschlossen gegenüber den gestellten Fragen waren.

4.2.3 Auswertung

Die Gespräche mit Expert*innen und Gemeindevertreter*innen liegen komplett als Audiodateien vor. Von den Interviews mit Bürger*innen liegen vier Gespräche als Audiodateien vor. Fünf Interviews erfolgten spontan mit Bürger*innen in den beforschten Gemeinden. Hier liegen keine Audiodateien vor. Die Gespräche wurden über Gedächtnisprotokolle direkt nach den Gesprächen verschriftlicht. Die 14 Audiodateien wurden mit Hilfe des Anbieters Amberscript automatisch in Text konvertiert. Da die Qualität nicht ausreichend hoch war, wurde jedes Transkript nachgearbeitet. Die erhaltenen Gedächtnisprotokolle und Transkripte wurden inhaltsanalytisch ausgewertet und mit dem Programm MaxQDA codiert. Dabei wurden inhaltliche Kategoriesysteme gebildet, die meist induktiv die Strukturen des Gegenstandes aufdecken sollten (Gioia et al. 2013). In einigen Interviews wurde Bezug auf wissenschaftliche Theorien genommen. In diesen Fällen wurde das Kategoriesystem deduktiv hergeleitet (Hussy et al. 2013, 255 ff.).

4.3 Ergebnisse der empirischen Studie

Im folgenden Abschnitt werden die Ergebnisse der Feldstudie im Detail dargelegt. Sie ergeben sich aus den 19 durchgeführten Interviews mit Bürger*innen, Gemeindevertreter*innen und Expert*innen. Die Erkenntnisse aus der Forschung wurden mit den Interviewteilnehmer*innen und mit den beforschten Gemeinden geteilt. Dazu wurde ein visuell aufbereiteter und leicht verständlicher Ergebnisbericht erstellt, der zu einer weiteren Auseinandersetzung mit dem Thema beitragen sollte. Der Fokus lag hierbei darauf aktuelle Defizite in dialogorientierten Beteiligungsprozessen aufzudecken und zu analysieren an welchen Stellen Akzeptanz eingebüßt wird.

4.3.1 Windkraft und informelle Bürgerbeteiligung im Kontext des Systems

Bevor Ergebnisse in Hinblick auf die Herausforderungen und Defizite in dialogorientierten Beteiligungsprozessen dargelegt werden, soll die aktuelle Situation und das Stimmungsbild in den Gemeinden dargelegt werden, denn gerade diese Kontextvariablen haben, wie die theoretische Vorbetrachtung ergab, einen Einfluss auf die lokale Akzeptanz und den Erfolg von Beteiligungsprozessen (Lucke

1995, 89 f.; Newig et al. 2020, 391 ff.). Die Informationen ergaben sich aus den Gesprächen mit Gemeindevertreter*innen und Bürger*innen. Bei Bedarf wurde durch die Forschende nach weiteren Quellen gesucht, um den Kontext zu klären.

Das betrachtete Windkraftvorhaben in Gemeinde 1, gehörte zu den zwei von der Gemeinde ausgewiesenen Konzentrationszonen. Ein erster Bebauungsplan wurde bereits in den 90er Jahren rechtskräftig. Zum Zeitpunkt der Forschung waren mehrere Windanalgen mit einer Gesamthöhe zwischen 73 und 125 Meter vorhanden, die ab Anfang der 2000er Jahre gebaut wurden. Seit einigen Jahren war dort den Bau mehrerer weiterer Anlagen mit je einer Gesamthöhe von 230 Meter geplant. Dieses Vorhaben wurde von der Gemeinde genehmigt. 2021 erfolgte der Baubeginn, welcher jedoch kurze Zeit später vorerst gestoppt wurde durch einen Beschluss eines Verwaltungsgerichts, welches einem Eilantrag eines Umweltverbandes stattgegeben hatte.

Die Gemeinde 2 war in der Flächennutzungsplanung und definierte Ausschlusskriterien, wie den Abstand zu Siedlungsflächen oder Naturschutzgebieten. In den von diesen Kriterien betroffenen Gebieten können keine Windanlagen gebaut werden. Alle weiteren sind hingegen mögliche Nutzungsflächen. Darunter auch ein Gebiet in der beforschten Gemeinde in dessen Umgebung bereits mehrere Windkraftanlagen bestehen.

In beiden betrachteten Fällen wird sichtbar, dass bereits in der Vergangenheit Windkraftanlagen in den erforschten Gebieten gebaut wurden. Bürger*innen und Gemeindevertreter*innen haben also bereits persönliche Erfahrung mit dem Thema gemacht.

Die Situation in den befragten Gemeinden:
In den erforschten Gemeinden werden drei Aspekte deutlich, die in besonderem Maße einen eher negativen Einfluss auf die Wahrnehmung und die Akzeptanz von Windkraftprojekten haben:

1. In den Gesprächen mit betroffenen Bürger*innen wird deutlich, dass Konflikte, die während des Baus vorangegangener Windkraftprojekte entstanden sind, fortbestehen und den Zusammenhalt der Gemeinden negativ beeinflussen. Zu nennen sind hier insbesondere monetäre Verteilungskonflikte. Windkraftanlagen werden nicht nur auf Gemeindeland gebaut, sondern oft auf Privatland, wodurch von einzelnen Privatpersonen hohe Pachterträge erzielt werden. Diese Situation hat in der Vergangenheit zu Neid unter den Dorfbewohnern geführt. Der Bau neuer Anlagen oder auch die Ausweisung neuer Flächen befeuert diese alten Konflikte erneut. Für die Anwohner ist ein neuer Prozess zum

4.3 Ergebnisse der empirischen Studie

Windkraftausbau somit oft schon zu Beginn negativ verzerrt und mit Zwiespalt in der Gemeinde verbunden: *„Die Konflikte von vor 20 Jahren, wir haben das ja schon alles durch, die sind zwar leiser geworden, aber die sind immer noch da. Die sind nicht weg. (...) wenn der eine das Geld für seine Flächen erhalten hat und der andere ging halt leer aus. Das schafft halt Konflikte. Das finde ich nicht gut. Wenn das an die Gemeinde geht und es dann solidarisch an alle geht, dann ist das ok."* (IDI#2B)

2. Bürger*innen beklagen teilweise, dass eine eingesessene, kommunale Politik wenig Offenheit für eine Neubetrachtung der Lage zeigte und wenig diskussionsoffen war für neue Lösungen oder Herangehensweisen im Windkraftausbau. Das Gefühl der Selbstwirksamkeit wird eingeschränkt: *„Über die Jahre hat ja hier nie so ein richtiger Konsens stattgefunden. Also das hier immer alles CDU regiert war und die hatten hier immer die absolute Mehrheit über Jahre und das war dann oft so, dass das im Bürgermeisterzimmer vorher besprochen wurde, was machen wir jetzt, und ja dann machen wir das so und so und dann ging es in die Ratssitzung und dann wurde das abgenickt und dann fertig. Also so, und da kann ja nichts Gutes bei rumkommen. Diese Situation hat sich zum Glück geändert, so dass man da nun noch intervenieren kann und vernünftige Lösungen findet."* (IDI#9B)

3. Ein indirekt wirkender Kontextfaktor ist das Gefühl einiger Bürger*innen, dass Austauschmöglichkeiten innerhalb der Gemeinde zurückgegangen sind. Dies zeigt sich teils darin, dass Dorffeste, Vereinsaktivitäten pandemiebedingt zurückgegangen sind oder darin, dass es beispielsweise kein Wahllokal mehr im Ort gibt. Konflikte können weniger gut diskutiert werden, weil Möglichkeiten des unbeschwerten Zusammenkommens fehlen. Orte, die ein Gefühl von Gemeinschaft stärken, wo sich ausgetauscht werden kann, wo Informationen und Meinungen geteilt und diskutiert werden, wo Alteingesessene und Zugezogene einander kennenlernen und sich einander öffnen können, gibt es kaum mehr: *„Vor Jahren gab es hier zum Beispiel Geld vom Konjunkturpaket 2. Da wurde hier ein Bürgerhaus gebaut. Das hat die Leute so richtig zusammengeschweißt. Das wurde auf Kirchenland gebaut. Man hat eine Dorfgemeinschaft gegründet und alle sind dann wann immer sie konnten gekommen und haben geholfen beim Bau. Das hat echt Zusammenhalt entstehen lassen. Und nun ist das, mit Corona auch noch mal mehr, alles auseinandergegangen. Es gibt kein Vereinsleben mehr, oder zumindest viel weniger. Man redet dann natürlich viel weniger über Konflikte."* (IDI#5B)

Durch Windkraft entstehende Spannungsfelder bei den betroffenen Bürger*innen:
Der Ausbau Erneuerbarer Energien ist auch im Kontext der Werte und Interessen jedes einzelnen Bürgers zu betrachten. Die Akzeptanz von Windkraft bedeutet gleichzeitig einen Kompromiss in anderen Bereichen des Lebens einzugehen. Für Bürger*innen ist dies eine Abwägung von Relevanz, die zeigt, dass Windkraft nicht immer an erster Stelle steht. Viele der Befragten sprechen sich klar für die Notwendigkeit der geplanten Windkraftanlagen aus und bezeichnen sie als neue Normalität, die von zukünftigen Generationen nicht mehr hinterfragt wird. Trotzdem finden sich auch Spannungsfelder bei den betroffenen Bürger*innen. Punktuelle Interessen beeinflussen die Gesamtbewertung der Situation und stellen sich der Akzeptanz gegenüber Windkraft entgegen:

1. Bürger*innen berichten teilweise von Unsicherheiten in Bezug auf die eigene Gesundheit. Sie haben Angst vor den Folgen von Infraschall, Schattenwurf und Lärmbelästigung und befürchten, dass sie ihr eigenes Wohlbefinden dem Anlagenbau unterordnen müssen. Einige Medienberichte stärken diese Sorgen. Für einige löst dabei ein mögliches Repowering besonders Ängste aus. Nämlich dann, wenn kleine Anlagen bei gleichbleibenden Abständen zum eigenen Wohnhaus durch größere, leistungsstärkere ersetzt werden: *„Da oben ist ja eine Windkraftzone errichtet. Die ist da ja schon länger. War ja auf 75 Meter begrenzt. Da hat ja auch keiner was gegen. Bis es auf einmal darum ging, dass da 120 Meter hinsoll. Ist dann das mittlere und dann entstand die Angst, dass da noch höhere hinkommen (…) Nimmt man im Dorf dann nochmal anders wahr und das war uns einfach zu nah."* (IDI#8B)
2. Solidarische Lösungen monetärer Beteiligung werden noch nicht in allen der befragten Gemeinden genutzt und sind einigen Bürger*innen nicht bekannt. Alte ungeliebte Verteilungskonflikte, können dadurch beim Bau neuer Anlagen nicht überwunden werden und werden wieder aufgerissen. Der Bau von Windkraftanlagen ist demnach auf lokaler Ebene bei einigen Bürger*innen eher mit Konflikten und Neid assoziiert als mit dem Gedanken das Klima zu schützen.
3. Eine zudem als intransparent und willkürlich erlebte Informationsweitergabe seitens Gemeinde oder Projektierer zu den Vorhaben unterstützt teilweise ein Gefühl der Vorsicht und des Misstrauens. Es wird teils wenig an einer gemeinsamen Vision für die Gemeinde gearbeitet, die auch Wertschöpfungspotentiale der Windkraft für alle in der Gemeinde lebender Personen aufzeigt. Der Ausbau erneuerbarer Energien wird teilweise als Vorhaben wahrgenommen, welches nur wenigen Personen mit Flächenbesitz einen Vorteil verschafft:

4.3 Ergebnisse der empirischen Studie

"Also Informationen sind immer unklar und intransparent. Es wird dann nicht alles gesagt. Das ist doch immer ein Gemauschel. Dann laden die mal ein ins Gemeindezentrum und danach weiß man dann wieder nichts, wie es dann weitergeht. Keiner spricht denn da genau drüber, denn die die die Flächen haben, die wollen natürlich das Geld, aber die sagen dann natürlich auch nichts, weil die anderen das dann nicht gut finden, weil sie selbst dann nichts davon haben. (…) Ich nenn das immer Mafia." (IDI#2B)

4. Biodiversität ist in den vergangenen Jahren immer stärker ins Bewusstsein der Medien und vieler Menschen gerückt. Der Schutz der Umwelt und Tierwelt ist hierbei zentral und steht für einige Bürger*innen im direkten Widerspruch zum Bau von Windkraftanlagen. Beide Anliegen werden nicht im Einklang gesehen und Windkraft wirkt dabei, durch das Sterben von Rotmilan und Schwarzstorch eher gegen den Erhalt von Umwelt und Tierwelt. Er ergibt sich ein Zielkonflikt bei Bürger*innen zwischen Klimaschutz und Artenschutz.
5. Auch monetäre Ängste bilden einen Gegenpol für einige betroffene Bürger*innen. Gerade zugezogene Personen sehen den Immobilienwert ihrer neu erworbenen Häuser durch eine bevorstehende Änderung des Landschaftsbildes gefährdet. Bei seit langem in der Eifel verwurzelten Personen, kam dieser Konflikt weniger stark zum Tragen.

Zahlreiche Spannungsfelder & Konflikte auf Gemeindeebene hemmen die Fokussierung auf den Windkraftausbau:
Bauleitpläne zu erstellen und Genehmigungsverfahren durchzuführen sind zeit- und kostenintensive Vorgänge in einer Kommune. Die Gespräche mit Expert*innen, Bürger*innen und im Speziellen mit Gemeindevertreter*innen, zeigen in den folgenden Punkten eine Vielzahl von Herausforderungen, die den Ausbau der Windkraft und die Kommunikation mit Bürger*innen für Gemeinden erschweren. Die Organisation von informellen Bürgerbeteiligungsprozessen kann in diesem Umfeld als zusätzliche, belastende Pflicht empfunden werden:

1. Die Abhängigkeit von Bundes- und Landespolitik hemmt eine schnelle Bearbeitung: Die beforschten Gemeinden fürchten, dass neue Vorgaben der Bundespolitik, die geplanten Bauleitpläne rechtswidrig machen oder eine Anpassung verlangen. Dies lässt die Kommunen in Phasen von Wahlen abwarten oder unsicher werden, was im direkten Widerspruch zu der benötigten Schnelligkeit in deren Umsetzung steht. Ihnen fehlt Klarheit und Langfristigkeit im Windkraftausbau. So führt die häufige Änderung von bundespolitischen Vorgaben beispielsweise zu der Situation, dass Gemeinden

ihre harten (gesetzlich feststehende) und weichen (selbst von der Gemeinde zu definieren) Ausschlussfaktoren immer wieder anpassen müssen, wie die Abstandsregeln zu Wohnsiedlungen, aber auch den Schutz von Wäldern (in Abhängigkeit vom Alter der Bestände). Dadurch werden Flächen freigegeben, die vorher geschützt waren und umgekehrt. Bei Bürger*innen wird dadurch teilweise Unverständnis und Misstrauen geschürt. Ein Gefühl von fehlender Verlässlichkeit gegenüber den lokalen Behörden und der lokalen Politik kommt auf: *„Hm, ja, Problem ist natürlich wiederum jetzt kriegen wir eine neue Bundesregierung und das Land NRW wählt. Klimaschutz ist groß auf die Fahne geschrieben worden. Wo geht es denn jetzt hin? Wir könnten ja sagen, kloppen alles in die Pfanne 1000 m ist festgeschrieben. Damit sind wir relativ sicher, dass die Bürger geschützt sind. Ja, aber wie lange hält das? Wissen wir nicht (…) aufgrund der neuen Klimaziele, die sprechen ja von zwei Prozent der Landesfläche, die für Windkraft die da sein soll."* (IDI#2G)

2. Die Kommunen stehen im Mittelpunkt eines komplexen Geflechts an unterschiedlichsten Verfahrensansprüchen: Im Rahmen der Flächenanalyse, die in der Flächennutzungsplanung notwendig ist, müssen eine Vielzahl von Behörden und Fachleuten einbezogen werden. Zu diesen gehören benachbarte Kommunen, die untere Natur- und Wasserschutzbehörde, Fachleute zur Durchführung einer Artenschutz- und Umweltprüfung und die Bezirksregierung. Die vielfältigen Ansprüche dieser Analysen reduzieren das Flächenpotenzial stark. Gleichzeitig besteht in all diesen Analysen das Potential für Fehler und macht den Prozess klageanfällig. Das entstehende geringe Potential für neue Flächen kombiniert mit dem sich ergebenden hohen Prozessrisiko, lässt Kommunen unsicher werden, ob sich die Weiterführung einer Potentialanalyse überhaupt lohnt. Der Prozess bindet Kapazitäten, kostet die Kommune viel Geld und läuft Gefahr durch eine sich ändernde Bundespolitik hinfällig zu werden: *„Wir kommen auf, also höchstens 0,7 % Fläche durch diese ganzen Vorgaben. Und dann haben wir wieder das Problem mit der Bezirksregierung, wir verschaffen nicht genügend Raum. (…) Wir müssen ihn auch genehmigt bekommen den Flächennutzungsplan. (…) Die untere Naturschutzbehörde sagt den Abstand müsst ihr halten. Wir sind da in einer Zwickmühle. Man kommt da nicht so richtig weiter."* (IDI#2G)

3. Alte Konflikte überschatten konstruktives Miteinander: Das Land Rheinland-Pfalz befindet sich seit 2009 in einer Gebietsreform, die vor einigen Jahren zu einer Neugründung der beforschten Gemeinde 2 geführt hat. Diese Neuzusammensetzung wirkt sich noch heute auf die Neuerstellung der Flächennutzungsplanung aus. Zum einen wollten einige Gemeinden nicht in die neue Gemeinde integriert werden und geben ihrem Unmut durch eine

4.3 Ergebnisse der empirischen Studie

wenig kompromissbereite Kommunikation Raum. Zum anderen bestanden in den zusammengelegten Gemeinden unterschiedliche Verwaltungsstrukturen und Vorstellungen zum Windenergieausbau, die nun vereinheitlicht werden müssen. Der Prozess der Flächennutzungsplanung wird dadurch zusätzlich erschwert und verlangsamt.

4. Herausfordernder Umgang mit Bürgerinitiativen: Beide Gemeinden haben bereits vielfältige Erfahrungen mit Bürgerinitiativen gegen Windenergievorhaben gemacht. Es hat sich der Eindruck verfestigt, dass teilweise eine geringe Dialog- und Kompromissbereitschaft besteht. Vor allem bei national agierenden Initiativen, die sich gegen lokale Vorhaben stellen. Dort ist laut Gemeindevertreter*innen oft eine grundsätzliche Ablehnung von Windkraft zu spüren. Die von Bürgerinitiativen an Bürger*innen gegebenen Informationen sind teilweise unvollständig und verzerren den Gesamteindruck der Situation. So wird beispielsweise argumentiert, dass wichtige Waldbestände der Windkraft zum Opfer fallen. Tatsächlich handelt es sich dabei um vom Borkenkäfer befallene, kranke Bestände. Bürger*innen werden damit instrumentalisiert, so der Eindruck der Gemeindevertreter*innen. Zudem sorgt eine gefühlte Radikalisierung der Windkraftgegner für eine angespannte Situation. Formen der Bürgerbeteiligung werden dadurch von den Entscheidungsträger*innen verstärkt als Belastung wahrgenommen: *„Dann war grundsätzlich gedacht (…) Öffentlichkeitsbeteiligung durchzuführen. (…) Man ist grundsätzlich bereit sich mit den Gegnern hinzusetzen und zu diskutieren: Warum? Wieso machen wir das? (…) Aber da die sich auch immer, naja will ich so nicht sagen, aber weiter radikalisieren und sie werden extremer mit ihrem Auftreten (…) Geht also angefangen mit Beleidigungen „du Verräter" und wird schon recht extrem."* (IDI#1G)

5. Gemeindevertreter*innen fühlen sich teilweise in ihrer Position und ihren Aufgabenbereichen von Bürger*innen nicht verstanden: Es besteht der Eindruck, dass Bürger*innen die Komplexität der Verfahren und der eingeschränkte Handlungsspielraum der Gemeinden nicht klar sind; besonders die Gebundenheit der Gemeinden an Bundes- und Landespolitik in Bezug auf den Windkraftausbau. Enttäuschungen der Bevölkerungen werden lokal ausgetragen und lasten auf den Schultern lokaler Behörden. Es ergibt sich ein unangenehmes Spannungsfeld den Anliegen der Bürger*innen und gleichzeitig denen der Politik gerecht werden zu müssen.

In der vorliegenden Analyse werden konkrete Gegebenheiten der System-Umwelt in Bezug auf den Windenergieausbau in den beforschten Gemeinden deutlich.

Auch wenn die Notwendigkeit der Energiewende grundsätzlich erkannt ist, bestehen deutliche Defizite lokale Akzeptanz herzustellen oder zu fördern. Es fehlt oft an bundespolitischem Weitblick und einer konsistenten, gemeinwohlorientierten Politik, die in Folge auf den unteren kommunalen Ebenen zu vielseitigen und komplexen Herausforderungen in der Verwaltung und der Kommunikation mit den Bürger*innen führt. Viele von Hübner und Kolleg*innen (2020) ermittelten Faktoren, die die lokale Akzeptanz beeinflussen, konnten in den dargestellten Spannungsfeldern wiedergefunden werden: Monetäre Verteilungskonflikte schüren Neid in der Dorfgemeinschaft; sich ständig ändernde gesetzliche Vorgaben mindern das Vertrauen und die Glaubwürdigkeit, in die Energiewende selbst und in die für Planung und Bau verantwortlichen Personen. Gleichzeitig bestehen auf lokalpolitischer Ebene alte Strukturen und Machtinteressen, die frischen Wind und neue Ideen nicht immer willkommen heißen. Wird die von Renn (2015) beschriebene Akzeptanzbedingung der Selbstwirksamkeit betrachtet, wird deutlich, dass auch diese von Bürger*innen der beiden Gemeinden nicht immer als ausreichend erlebt wird. In diesem herausfordernden Kontext bewegt sich ein dialogorientierter Beteiligungsprozess zu Windkraftvorhaben. Nicht nur spezifische Aspekte und Probleme müssen erläutert und diskutiert, auch bereits vorher bestehende Konflikte in den Gemeinden sollten mitbedacht werden, um das Instrument der Beteiligung erfolgreich einsetzen zu können. Dazu gehört auch die Schaffung einer positiven Risiko-Nutzen-Bilanz und das Gefühl der Identität (Renn, 2015). Es fehlen Maßnahmen, die zum einen den Nutzen für die Allgemeinheit fördern und zum anderen diese auch transparent und offen kommunizieren.

4.3.2 Das wahrgenommene Potential von informeller Bürgerbeteiligung

Der wissenschaftliche Diskurs zum Mehrwert von Teilhabe in Form von dialogorientierter Beteiligung wurde bereits dargelegt. In der empirischen Forschung haben Bürger*innen, Gemeindevertreter*innen und Expert*innen versucht zu erklären, welchen Nutzen sie in informellen Beteiligungsprozessen sehen.

Expert*innen zeichnen, wie der wissenschaftliche Diskurs, ein sehr diverses Bild. Gute Beteiligungsprozesse haben für sie einen stark demokratiefördernden Effekt. Beteiligung schafft Raum für Teilhabe auch außerhalb von klassischen Wahlen. Die Notwendigkeit liegt in der hohen Komplexität heutiger Herausforderungen, die Behörden und Politik allein nicht mehr meistern können. Das Potential von informellen Beteiligungsprozessen liegt in der Erweiterung der Perspektiven durch die Einbeziehung von unterschiedlichsten Menschen und ihren

4.3 Ergebnisse der empirischen Studie

Meinungen, die gleichberechtigt nebeneinanderstehen können und dadurch eine Lösung entstehen lassen, die sowohl von Politik als auch von der Gesellschaft getragen werden kann. Für jeden und jede soll es ein Blick über den Tellerrand sein, ein Ausbruch aus der eigenen Blase, eine Möglichkeit wieder miteinander ins Gespräch zu kommen und Konflikte zu überwinden, ohne Angst haben zu müssen für eine Meinung verurteilt zu werden. Eine Kultur des Dialoges und des Austausches wird durch Teilhabe gefördert, die sich in beide Richtungen öffnet, die einerseits den Sorgen und Ängsten der Bürger*innen Raum gibt, aber gleichzeitig auch Einblicke in die Möglichkeiten und Grenzen demokratischer Prozesse vermittelt. Im Kleinen geht es den befragten Beteiligungsexpert*innen darum das Gefühl von Selbstwirksamkeit entstehen zu lassen und das Vertrauen in die Demokratie zu stärken, indem informiert, Wissen geteilt und zugehört wird.

Interessant ist, dass Gemeindevertreter*innen den Nutzen von Beteiligungsprozessen viel enger definieren. Der Vorteil wird hauptsächlich in der Konfliktprävention, im Informieren der Bürger*innen und im Aufzeigen verschiedener (Fach-)meinungen gesehen. Bürger*innen versprechen sich Informationen über die geplanten Vorhaben zu erhalten, verschiedene Meinungen zu hören, um sich ihre eigene Meinung bilden und bei Bedarf selbst eigene Sorgen und Ängste äußern zu können. Interessant ist hierbei zu sehen, dass es den befragten Bürger*innen oft um mehr Transparenz und Wissenserweiterung geht. Sie möchten wissen, was auf sie zukommt, um Situationen besser einschätzen zu können. Der Anspruch aktiv mitgestalten zu können wird von einer Vielzahl der Befragten nicht erhoben.

Der Nutzen und das Potential von Bürgerbeteiligung, so scheint es, muss gerade von Gemeindevertreter*innen noch stärker erkannt und verinnerlicht werden. Es muss vermittelt werden, dass Beteiligungsprozesse nicht in Konkurrenz zur repräsentativen Demokratie stehen oder diese untergraben. Vielmehr muss ein Verständnis in den Gemeinden geschaffen werden, dass sie eine sinnvolle Ergänzung sind, die Entscheidungen durch den Austausch von Meinungen optimieren und im besten Fall legitimieren, wie von einigen Expert*innen hervorgehoben wird. Auch die Chance auf die Komplexität von Prozessen hinzuweisen und Bürger*innen darüber ein besseres Verständnis für Verwaltungsvorgänge zu vermitteln, sollte nicht außer Acht gelassen werden. Hier ergibt sich ein erstes Optimierungspotential, weil dadurch das Vertrauen in die beteiligten Akteure und somit auch die Akzeptanz gegenüber Vorhaben der Energiewende, vielleicht sogar der Demokratie überhaupt, gestärkt werden kann. Auch Bürger*innen sehen dieses Potential nicht vollumfänglich und könnten beispielsweise davon profitieren über Beteiligungsprozesse ein besseres Verständnis für politische Verwaltungsprozesse zu erhalten, um zu erkennen welchen Handlungsspielraum die eigene Gemeinde besitzt. Abbildung 4.2 stellt die Erkenntnisse als Überblick dar.

WAHRGENOMMENER NUTZEN VON BETEILIGUNG PRO GRUPPE

GESEHENER NUTZEN VON BÜRGER*INNEN
1. Informationen über die geplanten Vorhaben zu erhalten
2. verschiedene Meinungen hören, um sich eine eigene bilden zu können
3. Sorgen und Ängste äußern können

GESEHENER NUTZEN VON GEMEINDE-VERTRETER*INNEN
1. Konfliktprävention
2. Informieren der Bürger*innen
3. Aufzeigen verschiedener (Fach-)meinungen

GESEHENER NUTZEN VON EXPERT*INNEN
1. Demokratiefördernden Effekt durch Teilhabe außerhalb von Wahlen
2. Erweiterung der Perspektiven durch die Einbeziehung von unterschiedlichsten Menschen und ihren Meinungen
3. Lösungen finden, getragen von Gesellschaft und Politik
4. Möglichkeiten und Grenzen demokratischer Prozesse vermittelt
5. Gefühl von Selbstwirksamkeit entstehen zu lassen und das Vertrauen in die Demokratie zu stärken
6. Informieren und Wissen teilen
7. Förderung einer Kultur des Dialoges

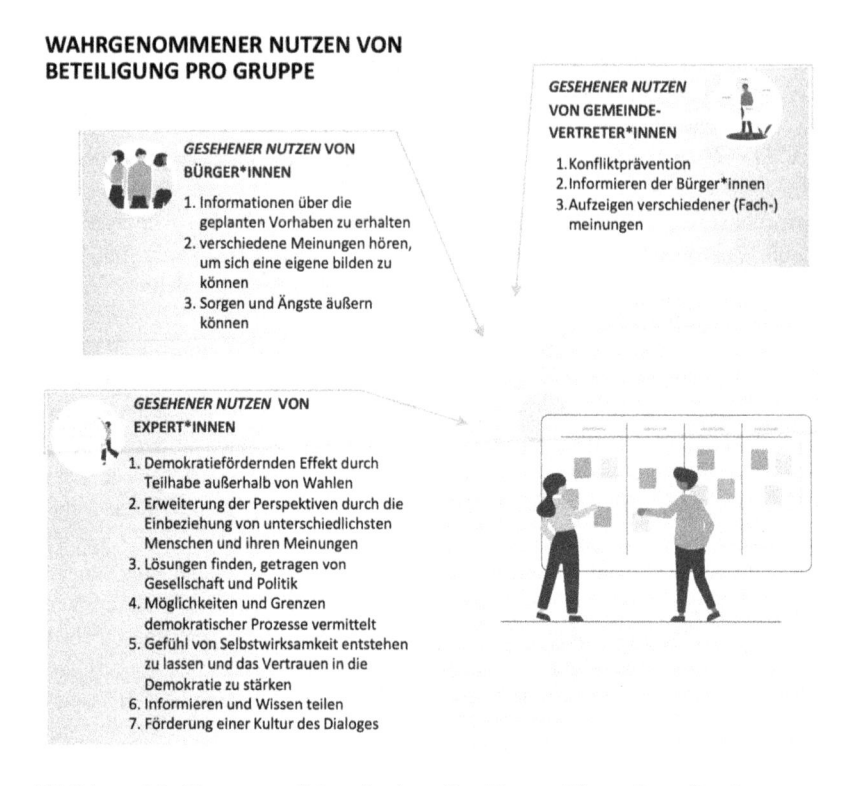

Abbildung 4.2 Nutzen von dialogorientierter Beteiligung. (Eigene Darstellung)

4.3.3 Herausforderungen und Defizite informeller Beteiligungsprozesse

Debatten um gute Beteiligungsverfahren sprechen, wie im Theorieteil dargelegt, zuerst von den Rahmenbedingungen, die für erfolgreiche Partizipationsprozesse gegeben sein sollten. Im Gespräch mit den Expert*innen für Beteiligungsprozesse zeichneten sich drei Aspekte ab, die in der Praxis besonders defizitär sind und so keine idealen Rahmenbedingungen entstehen lassen:

1. Ein erster ist die mangelnde Kultur der Beteiligung: Viele Personen in der kommunalen Verwaltung sind den Meinungen der Bürger*innen gegenüber

nicht ausreichend aufgeschlossen. Dies zeigt sich auch in einem wenig offenen und wenig gleichberechtigten Auftreten. Einige Expert*innen berichteten davon, dass auf den unteren Verwaltungsebenen engagierte Mitarbeiter*innen viel daran gelegen sei Beteiligungsprozesse gut umzusetzen, aber dass sich Entscheider*innen auf höheren Ebenen nicht selten über deren Ergebnisse hinwegsetzen und diese zu wenig berücksichtigen würden. Dabei wird deutlich, dass sich ein Mangel an einer guten Kultur der Beteiligung oft schon in der internen Verwaltungskultur zeigt. Ist die verantwortliche Behörde, Gemeinde, Kommune, selbst sehr hierarchisch, machtorientiert und starr aufgebaut, wirkt dies auch bis in Beteiligungsprozesse, wenn vorhanden, nach und kann diese an einer mangelnden Wertschätzung der erhaltenen Ergebnisse scheitern lassen. Es besteht die Sorge Macht und Entscheidungsfreiheit einzubüßen, wenn dialogorientierter Beteiligung ein höherer Stellenwert gegeben wird.

2. Ein zweiter in der Praxis häufig defizitärer Aspekt ist eine zu späte Einbindung der Bürger*innen in den Prozess: Beteiligungsexpert*innen machten immer wieder die Erfahrung, dass Bürger*innen erst zu einem Zeitpunkt eingebunden wurden, wenn der Gestaltungsspielraum bereits sehr gering oder gar nicht mehr gegeben war und auf Vorbehalte nicht mehr ausreichend eingegangen werden konnte. Es scheint, dass so einem unerwünschten möglichen Konflikt so lange wie möglich aus dem Weg gegangen werden sollte und sich Bürgerbeteiligung daher oft auf die formal vorgeschriebene beschränkt. Informelle Beteiligungsveranstaltungen sind in solchen Situationen häufig sehr angespannt und können weniger Wirkkraft entwickeln die Situation zu befrieden und Akzeptanz für eine Entscheidung herbeizuführen: *„Wer hinten raus die Klage nicht haben will, muss sich trauen, vorne in den Konflikt zu gehen. Weil der Konflikt kommt und im Zweifel kommt er vor Gericht."* (IDI#5E)

3. Ein dritter Aspekt, in welchem Beteiligungsexpert*innen ein Defizit sehen, ist das Wissen zu informellen Beteiligungsprozessen in Gemeinden: Die Vielfalt an Beteiligungsmöglichkeiten ist oft nicht umfänglich bekannt. Ebenso wenig wie der Nutzen, den Beteiligung schaffen kann, wie auch im vorhergehenden Abschnitt deutlich wurde. In diesem Zusammenhang ist es nicht verwunderlich, dass eine Prozessorientierung bei Beteiligung weniger stark verbreitet ist. Eine Einbindung von Bürger*innen mittels informeller Beteiligungsprozesse ist oft einmalig so der Eindruck einiger Expert*innen. Dies nimmt ihr jedoch die Möglichkeit komplexere Vorhaben ausreichend zu erklären. Oft sind Eindrücke und Sorgen dann bereits sehr aufgeladen, sodass es schwerer ist diese zu überwinden und Vertrauen aufzubauen. Auch eine damit zusammenhängende Professionalisierung der Prozessbegleitung ist keine gängige Praxis. Expert*innen sprachen dabei häufig von einer mangelnden Wertschätzung für

einen durch Fachleute konzipierten und organisierten Prozess: *„Die Tiefe der Möglichkeiten im Beteiligungskontext ist nicht so weit verbreitet, (...) insbesondere in den nicht urbanen Bereichen, die gar nicht so viel Erfahrung haben. Da werden wir eher beauftragt, wenn die Eskalation da ist, wenn sich eine Bürgerinitiative anbahnt oder das Gemeindeamt überrannt wird."* (IDI#4E)

Auch in den Gesprächen mit den Gemeindevertreter*innen und Bürger*innen aus den beforschten Gemeinden wurden diese Defizite deutlich, wie Abbildung 4.3 zusammenfasst. Gemeindevertreter*innen empfinden das Thema Flächennutzungsplanung im Windenergieausbau als sehr umfangreich und komplex zu vermitteln. Die Gespräche lassen erkennen, dass Wissen fehlt, wie Bürger*innen der Prozess verständlich erläutert und anschließend mit diesen diskutiert werden kann. Außerdem wurde die Erfahrung gemacht, dass das Thema Windkraft emotional stark aufgeladen ist und oft verstärkt streitlustige Windkraftgegner zu Beteiligungsprozessen erscheinen. Dies engt die Entstehung einer wertschätzenden Beteiligungskultur im Kontext der Windkraft bei Gemeindevertreter*innen ein. Bürgerbeteiligung ist vornehmlich verbunden mit einer Anstrengung und weniger mit einem konfliktlösenden Dialog.

Eine Mehrheit der Bürger*innen hatte den Eindruck oft spät und nur sehr mangelhaft über die Windkraftvorhaben von Dorfvorstehern oder Gemeinde informiert zu werden. Es seien zu wenige Informationen und Ideen dazu geteilt worden: *„Also man hört immer nur von den Leuten, die da angefragt werden [nach ihren Flächen] – So sieht es aus. Wenn man etwas von dem Projektleiter wissen will, muss man denen alles aus der Nase ziehen und die Gemeinde spielt auch nicht immer mit offenen Karten. Soll so geheim wie möglich gehalten werden, damit keine Streits kommen."* (IDI#6B). Das Zitat macht zudem deutlich, dass Bürger*innen das Gefühl haben, dass teilweise kein offener Diskurs auf politischer Ebene gewollt sei. Besser scheinen die Strukturen in der Verwaltung der Gemeinde 2. Es wurden Service-Telefone zum Thema „Erneuerbare Energien" eingerichtet über welches Informationen zugänglich gemacht wurden. Zudem ist laut Gemeindevertreter eine Presseserie geplant, die Bürger*innen über den Stand des Prozesses über das wöchentlich erscheinende Mitteilungsblatt der Gemeinde informieren und aufklären soll. Zusätzlich sind Bürgerversammlungen geplant. Diese sollen stattfinden, wenn ein erster Entwurf der Flächennutzungsplanung erstellt ist. Weiche Ausschlusskriterien sind zu diesem Zeitpunkt bereits definiert. Der Chance mit Bürger*innen dazu in den Austausch zu gehen, wird nicht nachgegangen. Auch aus dem Eindruck heraus, dass die Komplexität des Prozesses Bürger*innen nur schwer zu vermitteln sei. An dieser Stelle kann diskutiert

4.3 Ergebnisse der empirischen Studie

DEFIZITE RAHMENBEDINGUNGEN BETEILIGUNG

EMPFUNDENE DEFIZITE VON BÜRGER*INNEN
1. Mangelnde Kultur der Beteiligung in Kommunen – offener Diskurs teils nicht immer unterstützt
2. Zu späte Einbindung der Bürger*innen in Vorhaben

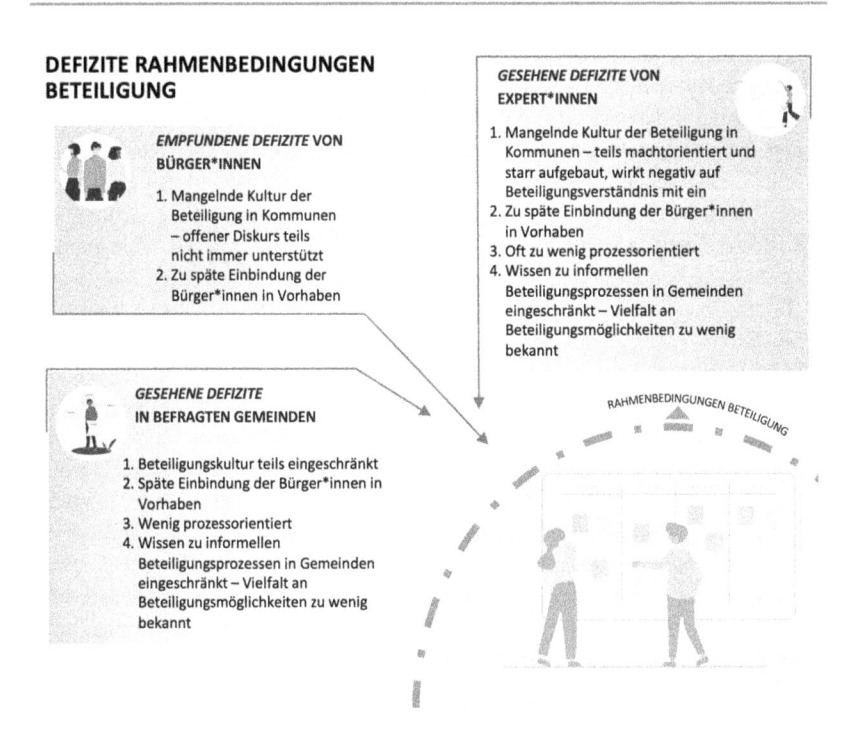

GESEHENE DEFIZITE VON EXPERT*INNEN
1. Mangelnde Kultur der Beteiligung in Kommunen – teils machtorientiert und starr aufgebaut, wirkt negativ auf Beteiligungsverständnis mit ein
2. Zu späte Einbindung der Bürger*innen in Vorhaben
3. Oft zu wenig prozessorientiert
4. Wissen zu informellen Beteiligungsprozessen in Gemeinden eingeschränkt – Vielfalt an Beteiligungsmöglichkeiten zu wenig bekannt

GESEHENE DEFIZITE IN BEFRAGTEN GEMEINDEN
1. Beteiligungskultur teils eingeschränkt
2. Späte Einbindung der Bürger*innen in Vorhaben
3. Wenig prozessorientiert
4. Wissen zu informellen Beteiligungsprozessen in Gemeinden eingeschränkt – Vielfalt an Beteiligungsmöglichkeiten zu wenig bekannt

Abbildung 4.3 Defizite Rahmenbedingungen Beteiligung. (Eigene Darstellung)

werden, dass der Gemeinde teilweise die von Expert*innen angesprochene professionelle Begleitung von Beteiligung fehlt, in welcher beispielsweise zusammen mit Expert*innen Möglichkeiten der Beteiligung auch für komplexere Sachverhalte diskutiert werden oder dabei geholfen wird komplexe Verfahrensschritte in einfacher Sprache verständlich zu erläutern. Auch die Gemeinde 1 versucht sich eine Beteiligungskultur zu erarbeiten. Allerdings ist auch hier zu erkennen, dass besonders Beteiligungsveranstaltungen zu Windkraftvorhaben nur sporadisch stattfinden und nicht in einen längeren Beteiligungsprozess eingebunden sind.

Nachdem die Rahmenbedingungen für die Fallbeispiele diskutiert worden sind, sollen im Folgenden die Faktoren betrachtet werden, die wichtig für den Erfolg einer Beteiligungsveranstaltung selbst sind. Im Gespräch mit den Expert*innen für Beteiligungsprozesse zeichneten sich auch hier Aspekte ab, die in der Praxis besonders defizitär, jedoch im theoretischen Diskurs für den Erfolg als entscheidend beschrieben sind:

1. Ein erster Aspekt ist das nicht immer ideale Framing der Veranstaltung: Framing bedeutet hierbei, dass der Gestaltungsspielraum, in welchem sich die Veranstaltung bewegt, klar kommuniziert werden muss. Expert*innen schreiben diesem Aspekt eine hohe Relevanz zu, weil nur so von Bürger*innen richtig eingeschätzt werden kann, was sie von der Veranstaltung zu erwarten haben, was nicht und ob sich eine Teilnahme lohnt. Hieraus ergeben sich verschiedene Implikationen. Zum einen, dass in der Praxis nicht immer zu dem gestanden wird, was anfangs versprochen wurde. Dass also ein Gestaltungsspielraum nicht oder falsch kommuniziert wurde. Oft sprechen die Expert*innen dann von Scheinbeteiligungen. Hier steht die Akzeptanzbeschaffung stärker im Fokus als die offene Diskussion von Lösungen. Es ergibt sich der Eindruck, dass Beteiligung als ein Trend mit gutem Image, teilweise aber auch als ein Zwang verstanden wird, der durch politischen Druck entsteht, aber nicht ernsthaft gewollt ist. Der darauf folgende Verlust von Vertrauen, kann sich jedoch sehr negativ auf die Akzeptanz von Vorhaben auswirken: *„Also nichts ist schlimmer als ein Beteiligungsprozess, wo nachher was rauskommt, was dem Auftraggeber nicht gefällt und dann sagt man das war nicht so ernst gemeint. Dann hat man tatsächlich erfolgreich Vertrauen unterminiert."* *(IDI#1E)*. Zum anderen muss ein Gespür dafür entwickelt werden, wie ein realistischer Gestaltungsspielraum aussehen kann, wenn es einen geben soll. Übertragen auf die beforschten Windkraftvorhaben, heißt das, dass es wenig Sinn macht, mit Bürger*innen nur über das Ja/Nein zu einem Windkraftvorhaben zu diskutieren, besonders, wenn kaum Spielraum vorhanden ist, sondern dass eine Gemeinde eine Vision vorstellen und zur Diskussion stellen sollte. Möglich wäre hierbei beispielsweise ein Dialog über monetäre Beteiligungskonzepte und wie über solche Konzepte alle Bürger*innen vom Bau der Windanlagen in den betroffenen Gemeinden profitieren können, zum Beispiel über eine geminderte Grundsteuer. Es muss ein Gestaltungsraum geschaffen werden, in welchem sich eine Beteiligung für Bürger*innen lohnt und diese eine spürbare Wirkkraft entwickeln kann.
2. Ein zweiter Aspekt ist ein Umgang auf Augenhöhe: Expert*innen erleben, dass der Umgang von Auftraggeber*innen mit betroffenen Bürger*innen in den Veranstaltungen nicht immer ausreichend wertschätzend ausfällt: *„Menschen haben ein sehr feines Gespür dafür, ob jemand das ernst meint oder nicht. Und wenn die Empathie nicht so ist, dass ich das Gefühl als Bürger habe, ich werde ernst genommen, dann hat auch dieser Prozess ein Problem."* *(IDI#8E)*. Dies zeigt sich zum einen innerhalb des Austausches von Sichtweisen und Meinungen, aber zum anderen auch darin, dass wichtige Informationen für eine ausreichende Beurteilung von Sachverhalten nicht geteilt werden und

4.3 Ergebnisse der empirischen Studie

eine fundierte Meinungsbildung so für Bürger*innen teils nicht möglich ist: *"Und erschütternd war für mich, offensichtlich werden die (...) am langen Arm verhungern gelassen. Man gibt denen nicht alle Informationen. Es ist niemand draußen, der mit ihnen spricht und all die Fragen, die ich bekommen habe, haben mir gezeigt, dass die viel zu wenig wissen um qualifiziert mitreden zu können. Und ich vermute da eine Taktik dahinter. (...) Alle Forderungen, die dann kommen, sind dann so banal oder so, dass man sie dann nicht ernst nehmen kann."* (IDI#4E).

3. Ein weiterer Aspekt, den Expert*innen in der Praxis als Defizit bewerten ist, dass die Ergebnisse von Beteiligungsveranstaltungen nicht ausreichend genutzt werden: Eine Herausforderung sind dabei insbesondere Wahlen und die damit einhergehende Veränderung der politischen Ziele. Expert*innen haben die Erfahrung gemacht, dass Ergebnisse aus Bürgerbeteiligungen von neuen Mandatsträgern nicht immer genutzt werden, weil nach einer Wahl andere politische Prioritäten gesetzt werden oder sich die Kultur der Beteiligung ändert. Aber auch mangelnde Strukturen und Verantwortlichkeiten oder die Angst vor Kontrollverlust führen in der Praxis dazu, dass Ergebnisse nach Veranstaltungen versanden. Auch eine nicht ausreichend festgelegte Ergebnisform kann dies unterstützen. Expert*innen raten deshalb dazu im Vorfeld einer Veranstaltung mit Verantwortlichen genau festzulegen, welche Form von Ergebnissen benötigt wird, damit eine weitere Nutzung hilfreich ist. Sind die Ergebnisse nicht anschlussfähig an die Arbeit in der Verwaltung einer Gemeinde, kann auch dies die Nutzung der Ergebnisse verhindern: *"Und dann auch oft – was passiert mit den Ergebnissen, wenn sie faktisch da sind? Verschleppungsansätze, dass keine Antworten aus der Fachverwaltung kommen oder von den Kommunen und und und. Ja. Diese Passfähigkeit hinzukriegen, das ist eine große Herausforderung."* (IDI#2E).

4. Eine vierte oft genannte Herausforderung sind die Ängste der Mitarbeiter*innen in der Verwaltung selbst, die vor und während Beteiligungsveranstaltungen entstehen: Hier kommen erneut teils mangelnde Kompetenzen und Erfahrungen im Umgang mit Bürgerbeteiligung zum Tragen. Es besteht wenig Wissen wie auf Fragen, emotionale Äußerungen oder auch Kritik neutral und offen reagiert werden kann, sodass ein Diskurs über die Bedürfnisse und Perspektiven der Bürger*innen angeregt wird. Der Umgang mit Bürger*innen erzeugt bei den Verantwortlichen oft Stress und innerliches Unbehagen und kann deren ablehnende Haltung in Veranstaltungen unterstützen: *"Also was wir auch erlebt haben, ist die Haltung von den Entscheidern gegenüber der Beteiligung. Die oft am Anfang von Angst geprägt ist."* (IDI#7E). Auch von den befragten Gemeindevertreter*innen wurde dieser Aspekt angesprochen. Die

Nähe zu den Meinungen und Reaktionen der Bürger*innen, die auch emotional und gereizt sein können, schreckt teilweise ab, auch weil die Kompetenzen und das Wissen im Umgang damit ausbaufähig sind oder gänzlich fehlen.
5. Ein letztes größeres Defizit sehen Expert*innen in den oft eingeschränkten Kanälen der Ansprache: Diese unterstützen nicht immer, dass eine heterogene Masse an Betroffenen von einer Veranstaltung erfährt, da die Kanäle nicht ausreichend an die Lebenswelt der Personen anknüpfen und diese dadurch nicht von entsprechenden Veranstaltungen erfahren. Dies wurde auch von einigen der befragten Bürger*innen angesprochen. Außerdem muss stärker sichergestellt werden, dass sich Personen auf Grund ihrer sozialen Schicht oder Bildung nicht ausgeschlossen fühlen. Alle Gesellschaftsgruppen sollten gleichermaßen konkret und zielgruppengerecht angesprochen werden.

Der Blick dieser Forschung sollte sich im Speziellen auch auf die Erfahrungen von Bürger*innen mit informellen Beteiligungsprozessen richten. Deutlich wurde, dass Bürger*innen oft sehr wenig eigene Erfahrungen mit dialogorientierten Beteiligungsprozessen gemacht haben, wodurch von Bürger*innen erlebte Defizite nur eingeschränkt herausgearbeitet werden konnten. Interessant ist, dass trotz des bereits in den 1990er Jahren begonnen Windkraftausbaus in der Eifel in diesem Kontext scheinbar wenig informelle Beteiligungsprozesse in den beforschten Gemeinden stattgefunden haben. Mit dem Begriff Bürgerbeteiligung assoziierten Bürger*innen meist monetäre Aspekte und teilten ihren Unmut über eine mangelnde solidarische Verteilung von Einnahmen aus Windkraftvorhaben. In Gemeinde 2 war noch keine konkrete Veranstaltung zu den geplanten Vorhaben, der Flächennutzungsplanung durchgeführt worden. Spezifische Veranstaltungsdefizite konnten somit nicht betrachtet werden. In der Gemeinde 1 gab es zu der geplanten Erweiterung des Windkraftvorhabens eine konkrete Veranstaltung der informellen Bürgerbeteiligung. Nicht alle der befragten Bürger*innen konnten sich an die Veranstaltung, die bereits einige Jahre zurücklag, erinnern und nicht alle haben teilgenommen. Der die Beteiligungsveranstaltung durchführende Moderator, bestätigte im Experteninterview, dass er als neutraler Moderator von der Gemeinde für eine einmalige Informations-Veranstaltung angefragt wurde und die Gemeinde als aufgeschlossen erlebt habe. Auch die befragten Bürger*innen berichteten von einer Veranstaltung in der viel Offenheit und Wertschätzung erlebt wurde. Jeder durfte seine Meinung äußern. Es konnten Ängste und Sorgen ausgetauscht werden und es gab die Chance über Fachinformationen genaue Details zum Vorhaben zu erlangen. Dies wurde positiv hervorgehoben, der erlebte Gestaltungsspielraum allerdings als gering kritisiert: *„Das ist strukturiert gelaufen, ist zugehört worden, aber man ist in dem Bewusstsein gegangen, dass das* *nicht viel bringt."* *(IDI#8B)*. Ebenso bestand der Eindruck, dass gemeindeseitig nicht ausreichend auf die Veranstaltung hingewiesen und nur sehr klein im Gemeindeblatt darüber berichtet wurde. Diese beiden Defizite decken sich mit der von den Expert*innen wahrgenommenen mangelnden Kommunikation zu Veranstaltungen und einer nur teils stattfindenden Integration von Ergebnissen der Bürgerbeteiligung.

Zusammenfassend zeigt sich, dass viele Faktoren, die in der Theorie als wichtig für eine gelungene Beteiligungsveranstaltung beschrieben sind, in der praktischen Umsetzung unzureichend realisiert wurden. Die noch nicht überall ausreichend wertgeschätzte Kultur der Beteiligung wirkt aber wie ein richtungsweisender Entscheidungsfaktor dafür, ob ein Dialog gelingt oder nicht und sich Akzeptanz bildet oder ausbleibt. Abbildung 4.4 zeigt die Ergebnisse im Überblick.

DEFIZITE IN BETEILIGUNGSVERANSTALTUNGEN

ANALYSIERTE DEFIZITE AUS INTERVIEWS MIT BÜRGER*INNEN UND GEMEINDEVERTRETER*INNEN IN BEZUG AUF VERANSTALTUNGEN* IN EIFELGEBIETEN

1. Kommunikative Kompetenzen der Mitarbeiter*innen in Gemeinden eingeschränkt, teils auch Angst vor Veranstaltungen vorhanden
2. Kanäle der Ansprache nicht immer breit genug, um heterogene Menge zu erreichen

* LIMITIERTE EINBLICKE, DA ANZAHL AN VERANSTALTUNGEN IN DEN BETRACHTETEN GEMEINDEN BESCHRÄNKT, VERSTÄRKT BETEILIGUNGSVERANSTALTUNGEN MIT INFORMATIONS- & AUSTAUSCHFOKUS

GESEHENE DEFIZITE VON EXPERT*INNEN

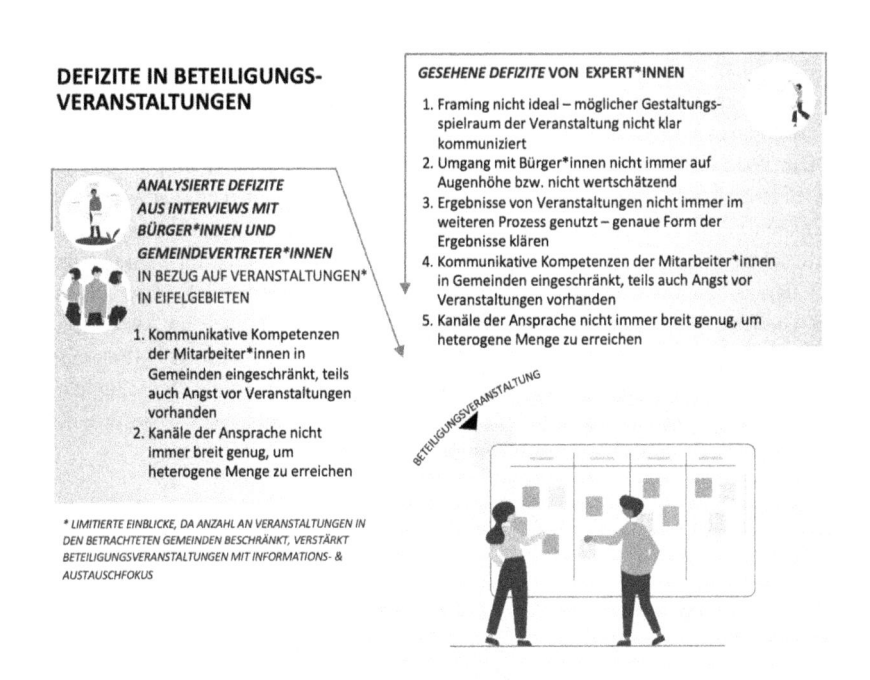

1. Framing nicht ideal – möglicher Gestaltungsspielraum der Veranstaltung nicht klar kommuniziert
2. Umgang mit Bürger*innen nicht immer auf Augenhöhe bzw. nicht wertschätzend
3. Ergebnisse von Veranstaltungen nicht immer im weiteren Prozess genutzt – genaue Form der Ergebnisse klären
4. Kommunikative Kompetenzen der Mitarbeiter*innen in Gemeinden eingeschränkt, teils auch Angst vor Veranstaltungen vorhanden
5. Kanäle der Ansprache nicht immer breit genug, um heterogene Menge zu erreichen

Abbildung 4.4 Defizite in Beteiligungsveranstaltungen. (Eigene Darstellung)

4.3.4 Implikationen für die Akzeptanz

Dieser Abschnitt widmet sich den Auswirkungen auf die Akzeptanz, die sich aus den vorgestellten Defiziten ergeben. Das folgende Modell soll dabei einen analytischen Gesamtüberblick über die Bedingungen geben, die sich in dieser Fallstudie mindernd auf Akzeptanz auswirken. Gleichzeitig wird darin aufgezeigt, welche Wirkung das Fehlen von Akzeptanz entfalten kann. Der erarbeitete Überblick basiert hierbei auf den Systematisierungen zur Akzeptanz von Lucke (1995, 89 f.) und Geßner & Zeccola (2019, 147 f.), welche bereits im Theorieteil beschrieben worden sind. Den Rahmen bilden das Akzeptanzsubjekt (die lokale Bevölkerung), das Akzeptanzobjekt (die Windkraftvorhaben) und der Akzeptanzkontext (die regionale / nationale Energiepolitik und die Informationen dazu) in welchen beide eingebettet sind. Akzeptanz bildet sich dabei, wie in Abbildung 4.5 dargestellt, im Akzeptanzsubjekt selbst, welches in seiner Meinungsbildung durch einen vielfältigen Akzeptanzkontext beeinflusst wird. Den Akzeptanzkontext bilden, wie in der Fallstudie sichtbar wurde, neben dialogorientierten Beteiligungsprozessen besonders die regionale und nationale Politik und Verwaltung und erhaltene Informationen beispielsweise aus den Medien.

Die von Hübner et al. (2020) und Renn (2015) genannten Bedingungen, die das Potential haben bei Bürger*innen die Akzeptanz gegenüber den geplanten Vorhaben einzuschränken, sind in die vorliegende Arbeit analysiert worden. Zur Veranschaulichung wurden alle Punkte in den durchnummerierten Punkten der drei dargestellten Felder zusammengefasst. Es zeigt sich deutlich, dass alle in den Theoriemodellen beschriebenen Akzeptanzbedingungen auch im Akzeptanzkontext der vorliegenden empirischen Studie vorgefunden wurden. Mindernde Faktoren für die Akzeptanz können dabei durch die mediale Berichterstattung, lokale, regionale und nationale Politik / Verwaltung sowie informelle Bürgerbeteiligungsprozesse gestärkt werden:

- Akzeptanzmindernde Bedingungen im Kontext von lokaler, regionaler, nationaler Politik & Verwaltung:

    o Eine grundsätzlich fehlende konsistente regionale und nationale Energiepolitik führt zu Irritationen und Unverständnis bei Bürger*innen.
    o Das Gefühl nur unzureichend mit Informationen versorgt zu werden, sorgt dafür, dass ein Vorhaben nicht ganzheitlich verstanden wird und unterstützt gleichzeitig einen Vertrauensverlust bei Bürger*innen gegenüber den verantwortlichen lokalen Akteuren.

4.3 Ergebnisse der empirischen Studie

WIRKMODELL AKZEPTANZ
WIRKUNG VON KONTEXTFAKTOREN AUF DIE AKZEPTANZ VON WINDKRAFTVORHABEN BEI BÜRGER*INNEN

AKZEPTANZKONTEXT ENERGIEPOLITIK
KONTEXTUELLE GEGEBENHEITEN WIE MEDIALE BERICHTERSTATTUNG, LOKALE, REGIONALE, NATIONALE POLITIK / GESETZE UND (VORGABEN ZUR) BÜRGERBETEILIGUNG

AKZEPTANZ OBJEKT — **WINDKRAFTVORHABEN EIFEL**

GEMEINDE-, REGIONAL-, BUNDESPOLITIK	BÜRGERBETEILIGUNG	MEDIEN / INFOS
1. **Defizite Einstellung Energiewende:** Inkonsistente Energiepolitik führt zu Irritationen und Unverständnis bei Bürger*innen 2. **Mangelnde an Vertrauen in Akteure:** Gefühl nur unzureichend mit Informationen versorgt zu werden, sorgt für Vertrauens-verlust bei Bürger*innen 3. **Mangelnde Infos zu Wirtschaftlichen Aspekten:** Monetäre Vorteile müssen für alle Bürger*innen erkennbar sein - Konzepte dazu fehlen 4. **Identität:** Durch fehlende Maßnahmen, wie Betreibermodelle und Eigentumsoptionen, ist Identifikation mit Vorhaben eingeschränkt 5. **Risiko-Nutzen-Bilanz:** Maßnahmen die auf das Allgemeinwohl einwirken, sind nur teilweise vorhanden oder nicht kommuniziert 6. **Eingeschränkte Selbstwirksamkeit:** teils eingefahrene politische Strukturen geben Bürger*innen das Gefühl, dass es wenig Raum für neue Ideen gibt 7. **Mangel an Orientierung & Einsicht:** Gefühl, dass keine offene Informationspolitik gewährleistet ist, lässt Situation nicht ganzheitlich verstehen	1. **Mangel an Vertrauen in Akteure** ausgelöst durch Beteiligungsprozesse spät im Prozess und teils mangelhafte Kultur der Beteiligung 2. **Mangel an Orientierung & Einsicht:** Gefühl, dass nicht alle Informationen zur Verfügung gestellt werden 3. **Eingeschränkte Selbstwirksamkeit:** oft geringes Gefühl der Selbstwirksamkeit bei Bürger*innen durch teils geringen Gestaltungs-spielraum in Beteiligungs-veranstaltungen	1. **Herausforderungen für Mensch und Natur:** teils ausgelöst durch mediale Berichterstattung, Bürger*innen sind unsicher über die Folgen für Mensch, Natur und Tierwelt

AKZEPTANZ-OBJEKT — **POLITIK & POLITISCHES SYSTEM IN DEUTSCHLAND**

AKZEPTANZMINDERNDE FAKTOREN IM KONTEXT DER ENERGIEPOLITIK
WIRKEN NEGATIV AUF DIE BEWERTUNG VON WINDKRAFTVORHABEN

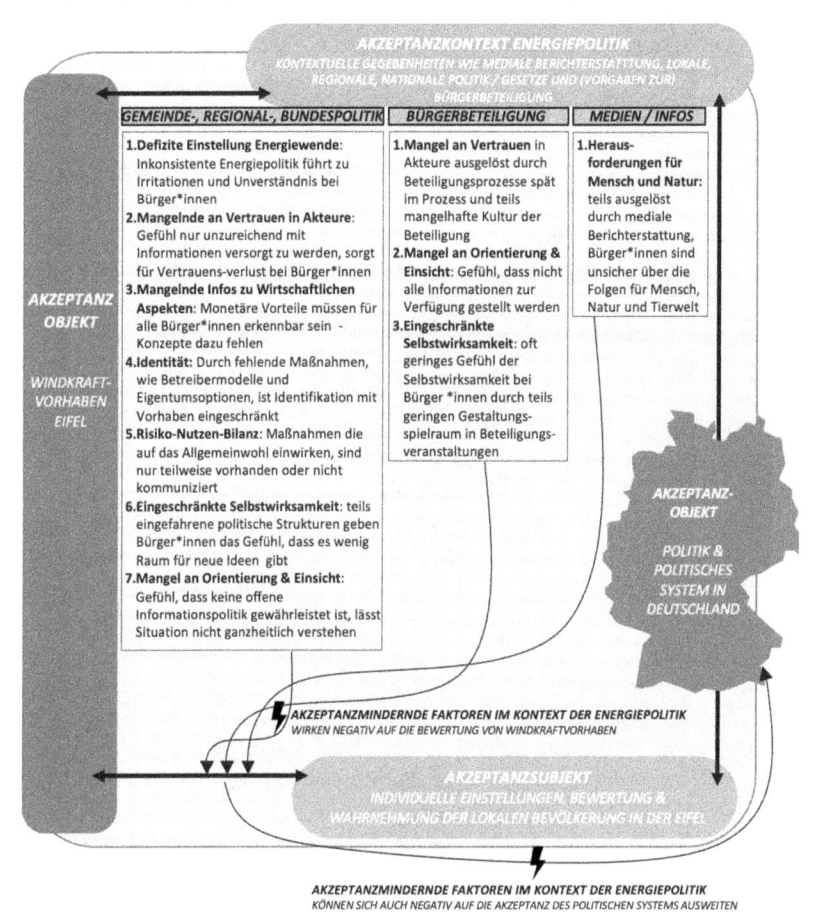

AKZEPTANZSUBJEKT
INDIVIDUELLE EINSTELLUNGEN, BEWERTUNG & WAHRNEHMUNG DER LOKALEN BEVÖLKERUNG IN DER EIFEL

AKZEPTANZMINDERNDE FAKTOREN IM KONTEXT DER ENERGIEPOLITIK
KÖNNEN SICH AUCH NEGATIV AUF DIE AKZEPTANZ DES POLITISCHEN SYSTEMS AUSWEITEN

Abbildung 4.5 Wirkmodell Akzeptanz für durchgeführte Fallstudie. (Eigene Darstellung)

○ Der monetäre Nutzen ist für Bürger*innen oft nicht erkennbar – teils gibt es nur wenige Informationen dazu und kaum Maßnahmen, die finanzielle Vorteile für die gesamte Dorfgemeinschaft aufzeigen.

○ Fehlenden politische Initiativen, wie die Einführung von lokalen Betreibermodellen und Eigentumsoptionen, führen ebenso dazu, dass keine emotionale Identifizierung mit der Thematik stattfindet.
○ Teils eingefahrene politische Strukturen geben Anwohner*innen das Gefühl, dass wenig Raum für neue Ideen vorhanden ist, ihre Anregungen nicht gehört werden und so ein Gefühl der Selbstwirksamkeit ausbleibt.

- Akzeptanzmindernde Bedingungen im Kontext medialer Berichterstattung

  ○ Widersprüchliche Informationen und Berichte zu Folgen für Mensch, Natur und Tierwelt verunsichern vereinzelte Bürger*innen.

- Akzeptanzmindernde Bedingungen im Kontext von dialogorientierter Bürgerbeteiligung:

  ○ Die erlebte Selbstwirksamkeit im Beteiligungsprozess ist eingeschränkt. Expert*innen geben an, dass dialogorientierte Beteiligungsprozesse oft zu einem späten Zeitpunkt mit wenig Gestaltungsspielraum ansetzen und Ergebnisse aus den Prozessen nicht immer ausreichend im weiteren Vorgehen genutzt werden. Die Wirkkraft muss jedoch laut Expert*innen von Bürger*innen aktiv erfahren werden, um an den Wert von Beteiligung glauben zu können. Das Gefühl, dass das eigene Handeln einen Einfluss haben kann, geht sonst verloren.
  ○ Ein weiteres Defizit, das Expert*innen beobachten, ist, dass auch in den Beteiligungsveranstaltungen selbst, teilweise nicht ausreichend Informationen zu den Vorhaben geteilt wurden. Dies macht es Bürger*innen zum ersten schwer Mündigkeit gegenüber einem Vorhaben zu entwickeln und zweitens die Notwendigkeit eines Vorhabens ausreichend zu verstehen, welches sich wiederum negativ auf die Akzeptanz auswirken kann. Nachgelagert geht damit auch einher, dass Risiko und (monetärer) Nutzen schwerer beurteilt werden können und sich weniger mit dem Vorhaben identifiziert werden kann.
  ○ Wie Expert*innen anmerken, schmälert die in einigen Gemeinden noch immer nicht ausreichend bestehende Beteiligungskultur das Vertrauen in die Akteure. Beteiligungsveranstaltungen werden teils nicht ausreichend professionell und wertschätzend durchgeführt und entstehende Ergebnisse nicht wirklich in spätere Entscheidungen eingebunden. Dies schmälert Vertrauen und Akzeptanz.

4.3 Ergebnisse der empirischen Studie

Dialogorientierte Beteiligungsprozesse können die Akzeptanz von Bürger*innen gegenüber öffentlichen Vorhaben wie der Windenergie stärken, laufen aber durch eine nicht wertschätzende Umsetzung auch Gefahr diese sogar zu schmälern. Ableitend kann geschlussfolgert werden, dass hier das Verfahren selbst in die Kritik gerät. Einige Autor*innen betonen hierzu, dass die erlebte Qualität von Verfahren auf die Akzeptanz einwirken kann. Wenn die erlebte Umsetzungsqualität des Verfahrens nicht ausreichend hoch ist, wird in der Literatur von eingeschränkter Verfahrensakzeptanz gesprochen (Lühr 2017, 8; Peters 2015, 812 f.). In der durchgeführten Fallstudie wurde deutlich, dass die in Planungs- und Genehmigungsverfahren eingebundenen Beteiligungsveranstaltungen teilweise entsprechende qualitätsmindernde Defizite aufweisen und so folglich auch negativ auf die Verfahrensakzeptanz sowie in der Folge die Akzeptanz gegenüber dem Akzeptanzobjekt einwirken können. Die Praxis des Windenergieausbaus steht, wie in der Abbildung dargestellt, vor einer Vielzahl von Herausforderungen. Herausforderungen, die die gewünschte Akzeptanz von Vorhaben behindern und zusätzlich durch eine mangelnde Umsetzungsqualität von Beteiligungsveranstaltungen verstärkt werden können. Ziel muss es also sein die Kommunikation im Prozess transparenter zu gestalten und die Idee der Beteiligung weiterzuentwickeln. Die Glaubwürdigkeit und das Vertrauen in die einzelnen Handlungs- und Entscheidungsbereiche der Energiewende müssen zurückgewonnen werden, um die gesamtgesellschaftliche Transformation gemeinsam bewältigen zu können. Bürgerbeteiligung wird als ein Weg betrachtet das Vertrauen in Institutionen und das Interesse an Politik und Prozessen der Entscheidungsfindung zu stärken. Die politischen Entscheidungen zur Energiewende brauchen die Unterstützung der Bürger*innen. Von den befragten Bürger*innen wird die dialogorientierte Beteiligung als Möglichkeit geschätzt, sich informieren, die eigene Meinung ausdrücken und Einblicke in andere Perspektiven erhalten zu können. In den aufgezeigten Defiziten sehen die befragten Expert*innen gleichzeitig jedoch auch eine den Beteiligungsprozessen inhärente Gefahr, die sich ebenso in den Aussagen einiger Bürger*innen innerhalb der vorliegenden Fallstudie widerspiegelt. Vermögen dialogorientierte Beteiligungsveranstaltungen und -prozesse es nicht glaubwürdig eine Kultur der Beteiligung zu vermitteln und wertschätzend mit den Meinungen, Sorgen und Ängsten der Betroffenen umzugehen, entsteht darin die realistische Bedrohung, dass sich Bürger*innen von den Entscheidungen der Politik zunehmend entkoppelt fühlen. Es besteht also nicht nur die offensichtliche Gefahr, dass dialogorientierte Beteiligungsprozesse von Gemeinden nicht durchgeführt werden und dadurch versäumt wird Akzeptanz für Vorhaben im Dialog zu stärken. Zusätzlich und erst nach genauer Analyse sichtbar, besteht zudem eine nicht zu unterschätzende, verdeckte zweite Gefahr die Vertrauenskrise in die Politik zu befeuern, indem Beteiligungsprozesse nur mangelhaft durchgeführt werden und eine fehlende Glaubwürdigkeit und Ernsthaftigkeit von Akteuren den Glauben an die Regierung oder gar das demokratische System schwächen:

- *„Es haben sich auch verschiedene Windinitiativen zusammengeschlossen, waren aus verschiedenen Orten, wo sich Leute ausgetauscht haben, wo dann besprochen wurde eine Demonstration in Berlin zu machen und ob man sich da den Gelbwesten anschließen will und da habe ich dann gesagt: ‚Leute ich bin hier raus'. Ich kämpfe für meine Sache, aber ich schließe mich da nicht an, aber das ist die Gefahr, wo das hingeht, wenn wir nicht miteinbezogen werden. Denn das ist ja hier auch unsere Landschaft und unsere Gegend hier."* (IDI#8B)
- *„Wir riskieren wachsende Frustration bei Menschen, die einfach sehr, sehr viel erwarten von der Demokratie (…). Warum wissen wir das nicht? Wer entscheidet das? Und warum werde ich nicht gefragt, wenn ich doch betroffen bin? (…) Wenn man diese Haltung nicht ernst nimmt und mit einbezieht (…) dann steigt die Frustration und die Enttäuschung gegenüber demokratischen Prozessen."* (IDI#7E)
- *„Wenn ich dann in einen Prozess bin und ich stelle fest, das sind die [Akteure], wo schon klar ist, dass das [Ergebnis] in der Schublade verschwindet, dann frage ich mich: ‚Wozu'? Und dann sage ich das auch: ‚Leute, ihr werdet diese Menschen vergraulen und das auf Jahre hinaus. Überlegt euch gut, was ihr tut.'"* (IDI#8E)

Ausblick und Fazit 5

In diesem abschließenden Kapitel werden in einem ersten Schritt Handlungsoptionen für Gemeinden gegeben, um diesen Wege aufzuzeigen wie die Energietransformation auch mittels dialogorientierter Bürgerbeteiligung besser zu gestalten und zu optimieren ist. In einem zweiten Schritt soll ein kurzer Ausblick auf die Möglichkeiten einer rechtlichen Verankerung von dialogorientierten Beteiligungsprozessen gegeben werden. Die Arbeit schließt mit einer kritischen Würdigung als Fazit.

5.1 Handlungsoptionen für Gemeinden

Die Analyse des Fallbeispiels macht deutlich, dass nicht alle Herausforderungen im direkten Einflussbereich der Gemeinden liegen. Besonders aktuelle Gesetze auf Bundesebene geben einen strengen Gestaltungsrahmen vor. Trotzdem müssen Gemeinden sich den daraus ergebenden Konflikten stellen. Das Fallbeispiel zeigt, dass dialogorientierte Bürgerbeteiligung dabei kein Allheilmittel ist, um Akzeptanz für Projektvorhaben zu erlangen. Sie ist vielmehr ein Werkzeug unter vielen, um den vielfältigen und komplexen Ansprüchen, die die Energietransformation mit sich bringt, Herr zu werden. Dialog und Austausch helfen Menschen Veränderung besser akzeptieren zu können. In Verbindung mit Beteiligungsprozessen muss dieser Dialog in Gemeinden oft noch neu gedacht, ausgebaut oder überarbeitet werden. Im Folgenden sollen entsprechende Handlungsoptionen gegeben werden, die besonders für den Gemeindekontext relevant erscheinen:

1. **Das Beteiligungsverständnis erweitern und Beteiligungskultur stärken:** Das Fallbeispiel zeigt, dass in Gemeinden teilweise der breite Nutzen von Beteiligung noch nicht ausreichend verstanden oder wertgeschätzt wird. Gemeinden stehen vor herausfordernden Aufgaben, die sie teilweise auch in einem Spannungsfeld zwischen den Bedürfnissen der Bürger*innen und den Vorgaben der Bundespolitik zurücklassen. Gemeinden sollten in dialogorientieren Beteiligungsformaten daher ein Instrument erkennen, mit welchem Bürger*innen dieser Zwiespalt vermittelt werden kann. Sie können darüber hinaus auch als ein Instrument politischer Bildung verstanden werden und als Instrument, welches der repräsentativen Demokratie nicht im Weg steht, sondern diese in ihren Entscheidungen beratend unterstützen kann. Eine derartige Sicht ist in den analysierten Gemeinden teils noch durch stärkere Vorbehalte gegenüber dialogorientierten Beteiligungsformaten überschattet. Um Akzeptanz für komplexe Vorgänge, wie die Energietransformation zu erreichen, müssen Gemeinden jedoch zukünftig mehr Offenheit und Transparenz in ihrer Kommunikation zeigen. Sie dürfen keine Angst vor dem Dialog und dem Austausch haben. Bürger*innen haben ein großes Informationsbedürfnis und die Entscheidungsträger*innen sollten diesem nachkommen. Dies schafft Vertrauen und das Gefühl nicht kurzfristig oder unvorbereitet von neuen, unverständlichen Anforderungen überrollt zu werden. Intransparenz löst den Konflikt nicht auf, sondern verschiebt ihn lediglich. Ebenso wie Beteiligung die ohne handfeste Folgen bleibt, nur als Trendphänomen wahrgenommen und zum Schein durchgeführt wird.
2. **Beteiligungsveranstaltungen professionell planen und in einen Prozess einbinden:** Gemeinden haben in der Vergangenheit oft schon Wissen zu informellen Beteiligungsformaten aufgebaut. Trotzdem wird deren Vielfalt oft unterschätzt. Zudem sollte bereits im Vorfeld stärker festgelegt werden, wie Ergebnisse aus Beteiligungsveranstaltungen so aufbereitet werden können, dass sie sinnvoll in nachfolgende Prozesse innerhalb der Gemeinden eingebunden werden können. Eine optimierte Verzahnung und Konzepte für eine stärkere institutionelle Verankerung wären hier sinnvoll. Denkbar wäre auch routinemäßig professionelle Prozessbegleiter*innen in die Planung und Umsetzung von Energiewendeprojekten einzubeziehen.

3. **Vorurteile und Ängste in Gemeinden abbauen:** Gemeindevertreter*innen und Lokalpolitiker*innen erleben oft Anfeindungen und konfliktreiche Begegnungen mit Bürger*innen. Vorbehalte und Ängste ihrerseits gegenüber dialogorientierten Beteiligungsprozessen sind dementsprechend nachvollziehbar. Entscheidungs-träger*innen in Gemeinden sollten daher über Workshops und Schulungen stärker auf Bürgerbeteiligungsprozesse vorbereitet werden. Was haben sie zu erwarten? Wie können sie auf Konflikte reagieren? Ein regelmäßiges Schulungsprogramm angeboten von erfahrenen Prozessbegleiter*innen wäre hier denkbar.
4. **Konzepte für monetäre Beteiligungsmöglichkeiten flächendeckend etablieren:** Dialogorientierte Beteiligung allein reicht oft nicht aus um Akzeptanz zu erreichen. Einige der befragten Bürger*innen sorgen sich um den Wert ihrer erworbenen Immobilien. Andere befürchten durch einen ungleichen monetären Nutzen bei der Flächenauswahl für die geplanten Vorhaben einen neu auflebenden Zwiespalt in ihrer Gemeinde. Gemeindevertreter*innen sollten daher proaktiv Ideen für monetäre Beteiligungsformen aufzeigen und Bürger*innen den allgemeinen Nutzen eines möglichen Windkraftvorhabens in ihren Gemeinden erlebbar machen. Der Ansatz sollte sein an einer gemeinsamen Vision zu arbeiten und diese mit den Bewohner*innen beispielsweise in diskursiven Bürgerversammlungen, wie im Theorieteil vorgestellt, weiter zu diskutieren, auszuarbeiten und zu gestalten. Hierdurch können über Beteiligung wirkliche Gestaltungsspielräume erschlossen werden, weil die neuen Einnahmen gemeinsam mit und im Sinne der Bürger*innen verteilt werden können, um beispielsweise den Bau von Straßen, Gemeindehäusern oder Kitas zu finanzieren. Trotz enger politischer Vorgaben ist so ein Mitgestalten möglich. Der Gemeinwohlgedanke sollte dabei stärker gelebt werden und der monetäre Vorteil nicht nur bei Einzelpersonen liegen. Auch das Bundesministerium für Wirtschaft und Klimaschutz (2020, 2) hat diese Notwendigkeit erkannt und in einem Eckpunktpapier dazu erste Hinweise ausgearbeitet. Vorgeschlagen werden darin jährliche Zahlungen durch den Betreiber an die Standortkommune oder ein vergünstigter Bürgerstromtarif, um die Akzeptanz in der lokalen Bevölkerung zu erhöhen. Dies bietet Gemeinden neue Orientierung. Auch die Grundsatzentscheidung des Bundesverfassungsgerichts von 2022 darüber, dass Bund und Länder Betreiber von Windkraftanlagen dazu verpflichten können Bürger*innen und Kommunen an den finanziellen Erlösen von Windparks zu beteiligen, ist richtungsweisend und betont den gemeinwohldienlichen Gedanken des Windenergieausbaus (Bundesverfassungsgericht 2022).

5. **Austausch von Best Practices zwischen Gemeinden:** Gemeinden sollten stärker voneinander lernen. Denkbar wäre ein interkommunaler Austausch mit anderen Gemeinden, die positive Beteiligungsformate erlebt und gestaltet haben. Gemeinden mit guten Erfahrungen können in Schulungen als Multiplikatoren fungieren und Wissen über Best Practices teilen. Sie können Vorbild sein, weil sie durch ihre praktischen Erfahrungen eine besondere Glaubwürdigkeit besitzen. Sinnvoll wäre ein Netzwerk von Gemeinden in der gleichen Region, da unter Umständen ähnliche Herausforderungen bestehen und die Durchführung von Treffen durch die räumliche Nähe leichter umsetzbar wäre.

Zusammenfassend heißt dies: Um die Akzeptanz für Vorhaben zu stärken, muss eine Identifikation mit dem Vorhaben bei Bürger*innen stattfinden und ein sowohl allgemeiner als auch individueller Nutzenvorteil erkannt werden. Gemeindevertreter*innen, die Ideen im einsamen Kämmerlein entwickeln und diese nicht teilen, helfen nicht dabei, dass sich Anwohner*innen mit dem Vorhaben identifizieren, sondern schüren Misstrauen. Über eine gemeinsame Ideenentwicklung kann diese Identifizierung entstehen und unter Umständen sogar Stolz bei den betroffenen Bürger*innen entstehen lassen. Nämlich dann, wenn sich Erfolge zeigen und die gesamte Gemeinde nach den Anstrengungen die Früchte erntet. Unterstützend wäre dabei sinnvoll, dass eine professionelle Prozessbegleitung leichter verfügbar wäre und Anbieter für dialogorientierte Bürgerbeteiligung beispielsweise in einem qualitätsgeprüften Netzwerk zusammengefasst wären, um so auch den ersten Kontakt von Gemeinden und Prozessbegleiter*innen leicht, sicher und vertrauensvoll zu gestalten. Es wäre ein weiterer wichtiger Orientierungspunkt für Gemeinden. Der Mangel eines solchen Netzwerkes wurde auch von den Expert*innen negativ angemerkt.

5.2 Schlussfolgerungen und rechtlicher Ausblick

Die vorgestellte Fallstudie gibt einen kleinen Einblick in die komplexen Strukturen der Energietransformation. In der politischen Debatte werden verschärfte Windkraftvorschriften aktuell immer wahrscheinlicher und tragen zu einem weiteren Komplexitätsanstieg bei (Zeit, 2022). Die Klimakrise ist eine internationale Herausforderung. Klimaforscher*innen mahnen seit Jahren zu mehr Tempo in der Energiewende. Die starke Abhängigkeit von Russland in Bezug auf Öl- und Gaslieferungen ist im Zuge des Ukrainekonflikts seit 2022 in einen noch stärkeren Fokus gerückt und politisch aktuell kaum mehr tragbar. Ein schneller Ausbau der

5.2 Schlussfolgerungen und rechtlicher Ausblick

erneuerbaren Energien ist auch aus diesem Grund notwendig. Vor diesem Hintergrund hat die Bundesregierung 2023 das Gesetzespaket „Wind-an-Land", eine für Bundesländer bindende Pflicht zur Bereitstellung von durchschnittlich zwei Prozent der Landesflächen für den Windenergieausbau, beschlossen (BMWK 2023). Diese Pflicht beendet das bis dahin vorherrschende Subsidiaritätsprinzip im Ausbau erneuerbarer Energien, welches politische Aufgaben auf der Ebene regelt, auf der sie konkret auftreten. Dieses Prinzip stärkte bislang die Selbstbestimmung der Landes- gegenüber der Bundespolitik, welche dementsprechend erst dann einschreiten darf, wenn politische Aufgaben auf Bundeslandebene nicht ausreichend gelöst werden können. Diese Situation ist im Fall der Energiewende nach Auffassung der Bundesregierung nun eingetreten (BMWK 2022d). Bisher konnten Bundesländer den Zubau von Windkraft meist selbstständig in Raumordnungsplänen regeln (Umweltbundesamt 2020). Mit dem neuen Gesetzespaket wird diese Eigenständigkeit ab jetzt hinfällig und hebt den Windkraftausbau nun gänzlich auf die bundespolitische Ebene. Bisherige Freiräume, wie beispielsweise die Bestimmung des Mindestabstandes zur Wohnbebauung, werden eingeschränkt, wenn die benötigten Landesflächen durch aktuelle Regelungen nicht bereitgestellt werden können (BMWK 2022d, Zeit 2022). Planungs- und Genehmigungsverfahren sollen dadurch vereinfacht und beschleunigt werden (BMWK 2022c). Ob und wie schnell diese Vorstellungen von Gemeinden in der Praxis umsetzbar sind oder ob die sozialen Implikationen hier ausreichend mitgedacht sind, bleibt abzuwarten. Die vorliegende Arbeit zeigt, dass Menschen teilweise die Notwendigkeit des Windkraftausbaus verstehen, sich in ihrer individuellen Kosten-Nutzen-Situation aber trotzdem hilflos und nicht gehört fühlen, wenn es um die Details der geplanten Windkraftvorhaben vor Ort geht. Der Mehrebenenkonflikt, der bereits im Theorieteil angesprochen wurde, tritt hier erneut ans Licht und verschärft sich. Spannungen entstehen besonders auf regionaler Ebene, weil die Folgen von politischen Entscheidungen erst dort für die Bürger*innen konkret sichtbar werden. Auf der regionalen Ebene bietet sich jedoch mit den oben genannten verschärften Windkraftvorschriften noch weniger Raum für Dialoge, weil das grundsätzliche Vorgehen bereits auf nationaler Ebene entschieden ist (Schweizer-Ries et al. 2018, 206). Diese Situation birgt die Gefahr, dass die im vorigen Kapitel benannten Akzeptanzprobleme weiter zunehmen. Mit der Verschärfung von Windkraftvorschriften stellt sich also die von Schweizer-Ries, Rau und Hildebrand (2018, 206) aufgeworfene Frage umso mehr: *„Wo bzw. was ist der Raum, um das Energiesystem zu diskutieren – jenseits von tendenziell eher abgeschotteten Wissenschafts- und Politikdiskursen?"*

Vor diesem Hintergrund soll ein kurzer Blick auf die rechtlichen Möglichkeiten der Verankerung von dialogorientierter Bürgerbeteiligung gegeben werden.

In einem Fachtext diskutieren Geßner und Zeccola (2019, 133 ff.) dazu die rechtliche Übertragbarkeit von Akzeptanzfaktoren und erörtern eine stärkere Verankerung von Beteiligungsprozessen im Rechts- und Demokratieprinzip. Ihr Fazit ist, dass eine „erfolgsversprechende *Bürgerbeteiligung im Rahmen der Energiewende (...) zu weiten Teilen gesetzlich umsetzbar [wäre* "*]* (Geßner und Zeccola 2019, 154). Aus ihren Vorschlägen lassen sich einige auch für die analysierten Defizite der praktischen Umsetzung von informellen Beteiligungsprozessen relevante Ideen ableiten (Geßner und Zeccola 2019, 150 ff.):

- Denkbar wäre die rechtlich verpflichtende formelle Bürgerbeteiligung zu erneuern und sie moderner und zeitgemäßer zu gestalten. Veröffentlichungen in Amtsblättern könnten beispielsweise über eine leicht verfügbare Veröffentlichung im Internet verpflichtend ergänzt oder ersetzt werden. Wichtig ist eine visuell verständliche Aufbereitung der Informationen. Wissen wird auf diese Weise leichter zugänglich, kann verständlicher kommuniziert werden. Politische Entscheidungen werden nachvollziehbarer, transparenter und sind dauerhaft verfügbar.
- In Planungsverfahren ist die formelle Beteiligung aktuell so geregelt, dass Bürger*innen beispielsweise über schriftlich eingereichte Stellungnahmen auf Vorentwürfe der Flächennutzungsplanung reagieren können. Die aktuelle Handhabung fördert keinen Dialog. Eine Erweiterung um eine dialogorientierte Beteiligungsveranstaltung wäre an diesen Stellen denkbar. Die Einbindung professioneller Mediatoren, die einen Dialogprozess unterstützen, stellt rechtlich kein Hindernis dar und fördert das Vertrauen in das Verfahren, da sie eine neutrale Zwischenposition einnehmen, die vermittelnd wirken kann (Geßner und Zeccola 2019, 151).
- Mit der Einbindung dialogorientierter Beteiligungsprozesse in verpflichtende formelle Beteiligung wäre auch einem Versanden von Ergebnissen vorgebeugt. Einwände, die innerhalb von formeller Beteiligung entstehen, müssen von Gemeinden abgewogen und die getroffenen Ergebnisse daraus kommuniziert werden. Auch dadurch entsteht mehr Transparenz im Prozess.

Es liegt in den Händen der Politik verfügbare Instrumente konsequent einzusetzen und den bestehenden rechtlichen Rahmen der repräsentativen Demokratie erfolgsversprechend zu nutzen und wieder mehr Menschen dafür zu begeistern. Werden die vielen einzelnen Problemherde in diesem komplexen System gut gelöst, erhöht sich die Chance, dass dessen Akzeptanz wächst. Bleiben Möglichkeiten ungenutzt, kann sich die erlebte Vertrauenskrise in das demokratische

System weiter vertiefen. Auch und gerade vor dem Hintergrund einer geringen kommunalen Wahlbeteiligung und einem großen Nicht-Wähler-Anteil sollte das Potential der Erneuerung von Bürgerbeteiligung nicht außer Acht gelassen werden. In Nordrhein-Westfalen lag die Wahlbeteiligung bei der letzten Kommunalwahl im Jahr 2020 bei nur 51,9 Prozent (Ministerium des Inneren des Landes Nordrhein-Westfalen 2020). In Rheinland-Pfalz 2019 bei 61,6 Prozent (SWR 2019). So sind aktuell bis zu 50 Prozent der Menschen durch die repräsentative Demokratie nicht repräsentiert. Eine Schieflage der entgegengetreten werden muss, da damit die Meinungen von fast 50 Prozent der Bürger*innen im bestehenden repräsentativen System nicht vertreten sind. Von Repräsentieren kann in diesem Fall kaum mehr die Rede sein.

5.3 Erkenntnisse für nachfolgende Forschungsprojekte

Die wissenschaftliche Aufbereitung der Ergebnisse der vorliegenden Arbeit hat verschiedene Bereiche aufgezeigt, in denen das Studiendesign hätte erweitert werden können. Folgende Punkte sollten entsprechend bei weiterführenden Arbeiten bedacht werden:

- Dialogorientierte Beteiligungsprozesse im Kontext des Windenergieausbaus, die innerhalb informeller Beteiligungen durchgeführt werden, waren in den befragten Gemeinden noch nicht sehr stark implementiert. Kritisch anzumerken ist, dass daher von Bürger*innen selbst wenig Rückmeldung zu dialogorientierten Beteiligungsprozessen gegeben werden konnte. Häufig fehlten hierzu persönliche Erfahrungen. Differenzierte Ergebnisse konnten demnach vor allem durch die Erfahrung von Expert*innen erlangt werden. Die Perspektive der Bürger*innen in Bezug auf Defizite innerhalb von dialogorientierten Bürgerbeteiligungsprozessen ist durch diesen Mangel in der vorliegenden Arbeit nicht allumfänglich erhoben.
- Auch die Einblicke, die durch Gemeindevertreter*innen erhalten worden sind, sollten weiter vertieft werden. Überlegenswert ist hierbei, die Fallstudie um weitere Gemeinden in der Eifel zu erweitern und so vertiefendes Wissen zu generieren. Dabei wäre beispielsweise denkbar, durch eine intensivere Vorrecherche zu analysieren, in welchen Gemeinden in den letzten Jahren ebenfalls dialogorientierte Beteiligung stattgefunden hat. Durch eine Internetrecherche, die um eine rückversichernde Kontaktaufnahme mit den entsprechenden Gemeinden ergänzt werden müsste, könnte sichergestellt werden, dass besonders Bürger*innen in solchen Gemeinden befragt werden, die bereits aktuell

Bürgerbeteiligungsprozesse durchgeführt haben. Damit stiege die Wahrscheinlichkeit, dass hierbei Bürger*innen für die Forschung gefunden werden, die ausführlicher über ihre Eindrücke zu diesen Prozessen berichten könnten.

- Weiterführend wäre auch ein Blick in andere benachbarte Gemeinden interessant. Die Nachbargemeinde der Gemeinde 1, verschreibt sich seit Jahren dem intensiven Ausbau von Windenergieanlagen und bezeichnet sich selbst als kommunaler Vorreiter bei der Umsetzung von Windenergieprojekten. Die jährlichen Erträge aus der Verpachtung von Flächen für Windenergie steigen dort jährlich an und tragen zur positiven finanziellen Entwicklung der Gemeinde bei. Hier wäre eine weiterführende Forschung interessant, um zu analysieren inwieweit in einer der Windkraft sehr aufgeschlossen Gemeinde dialogorientierte und auch monetäre Beteiligung von Bürger*innen gelebt wird und ob das Potential voneinander zu lernen ausgebaut werden kann.
- In den durchgeführten Interviews wurde Projektbetreibern eine wichtige Rolle in Bezug auf die Flächenauswahl bei Windkraftvorhaben zugesprochen. Um den holistischen Blick abzurunden wäre eine Ergänzung des Blickwinkels von Projektbetreibern im Windkraftausbau auf das Thema Bürgerbeteiligung zusätzlich überlegenswert. Auf diese Weise kämen alle Perspektiven involvierter Stakeholder-Gruppen ans Licht. Weitere Defizite oder Herausforderungen in Hinblick auf die Durchführung von dialogorientierter Bürgerbeteiligung könnten in den Zusammenhang gestellt werden.

Trotz dieser möglichen Erweiterungen des Forschungsdesigns ist positiv zu würdigen, dass die vorliegende Arbeit, durch den Ansatz der Triangulation bereits einen sehr guten ganzheitlichen Blick ermöglicht hat. Die unterschiedlichen Perspektiven auf das Thema Windenergieausbau und dialogorientierte Bürgerbeteiligung lassen unterschiedliche Interessen, Pflichten und Ängste gut erkennen. Die Expertise der Expert*innen ermöglicht einen sehr fachbezogenen Blick auf das Thema Bürgerbeteiligung. Die Erfahrungen von Bürger*innen und Gemeindevertreter*innen helfen wiederum den praktischen Blick im Detail zu schulen. Komplexe Strukturen und Zusammenhänge lassen sich nur so erkennen, was diesen Ansatz auch für zukünftige Forschungen relevant macht. Hervorzuheben ist auch das von Offenheit geprägte Forschungsdesign qualitativer Interviews. Das Design gibt Betroffenen eine Stimme und bringt konkrete Probleme mittels der Zitate lebendig ans Tageslicht. Die nicht geregelte und nicht vorhandene monetäre Beteiligung an Windkraftvorhaben lässt Neid entstehen und ist die Triebfeder für Zwiespalt in Gemeinden im Windenergieausbau. Sie hält über Jahrzehnte an und drängt die gesamtgesellschaftliche Aufgabe der Energietransformation in Gemeinden in den Hintergrund. Mit Hinblick auf die weiter zunehmende

5.3 Erkenntnisse für nachfolgende Forschungsprojekte

Brisanz des Themas Energietransformation ist diese Erkenntnis eine sehr alarmierende und sollte weiter betrachtet werden. Die Befriedung von in Gemeinden bestehenden Konflikten, die aktuell auf konkrete Windkraftvorhaben nachwirken, wäre ein weiteres Einsatzgebiet für dialogorientierte Bürgerbeteiligung. Die vorliegende Forschung hat dies zusätzlich zur eigentlichen Forschungsfrage eindrücklich deutlich gemacht. Will die Gesellschaft aktuelle Herausforderungen wie Extremwetter, Wasser- und Gasknappheit überwinden, muss sie zusammenstehen, ob im Kleinen in der Gemeinde oder im Großen in der Bundesrepublik. Der Dialog, wenn er wertschätzend erfolgt, hilft dabei Konflikte zu mindern, Verständnis zu schaffen und damit gegenseitige Akzeptanz zu fördern.

Literaturverzeichnis

Agentur für Erneuerbare Energien (2019): Wichtig für den Kampf gegen den Klimawandel: Bürger*innen wollen mehr Erneuerbare Energien, https://www.unendlich-viel-energie.de/akzeptanzumfrage-2019 (17.05.2022).
Agora Energiewende (2020): Sechs Vorschläge, damit Windkraft wieder durchstartet, https://www.agora-energiewende.de/presse/neuigkeiten-archiv/sechs-vorschlaege-damit-windkraft-wieder-durchstartet/ (22.04.2022).
Agora Energiewende (2022): Die Energiewende in Deutschland: Stand der Dinge 2021. Rückblick auf die wesentlichen Entwicklungen sowie Ausblick auf 2022, https://static.agora-energiewende.de/fileadmin/Projekte/2021/2021_11_DE-JAW2021/A-EW_247_Energiewende-Deutschland-Stand-2021_WEB.pdf (22.04.2022).
Allianz Vielfältige Demokratie (2017): Mitreden, mitgestalten, mitentscheiden. Fünf Impulse zur Erneuerung demokratischer Beteiligung, https://allianz-vielfaeltige-demokratie.de/wp-content/uploads/2019/05/171226_Impulspapier_3._Auflage_FINAL.pdf (18.05.2022).
Arnstein, S. R. (1969): "A Ladder Of Citizen Participation", Journal of the American Institute of Planners, Volume 35, Issue 4, 216–224.
Banse, P. & Buermeyer, U. (2022): Lage der Nation – der Politik-Podcast. Raus aus der Flaute. Windkraftausbau in Deutschland, https://lagedernation.org/podcast/ldn274-raus-aus-der-flaute-windkraftausbau-in-deutschland-teil-1-2/ (22.04.2022).
Best, B. (2019): Energiewende und Bürgerbeteiligung – Multi-Level-Konstellationsanalyse des Beteiligungsprozesses der InnovationCity Ruhr – Modellstadt Bottrop. Wiesbaden: Springer VS.
Bächtiger, A. & Wyss, D. (2013): Empirische Deliberationsforschung – eine systematische Übersicht, Zeitschrift für Vergleichende Politikwissenschaft, Volume 7, 155–181.
Bornemann, B., & Saretzki. T. (2018): „Konfliktfeldanalyse – das Beispiel „Fracking" in Deutschland", in: Holstenkamp, L. & Radtke, J. (Hrsg.): Handbuch Energiewende und Partizipation, Wiesbaden: Springer VS, 563–581.
Bock, S. (2017): „Erfolgsbedingungen kommunaler Bürgerbeteiligung: Perspektiven, Chancen und Fallstricke in der Praxis", in Bauer, H.; Büchner, C.; Hajasch, L. (Hrsg.): Partizipation in der Bürgerkommune, Potsdam: Universitätsverlag, 103–116.
Bohn, C. & Fuchs, D. (2020): Mehrwerte und Erfolgsbedingungen von nachhaltigkeitsorientierten Beteiligungsverfahren zur Sicherung des Nachhaltigkeitsnutzens und

der demokratischen Teilhabe in der Bioökonomie, https://www.uni-muenster.de/imperia/md/content/fuchs/publikationen/publikationenfuchs/arbeitspapiere/2020-05-22_arbeitsversion_arbeitspapier_mehrwerte_und_erfolgsbedingungen_bohn_fuchs-1.pdf (22.04.2022).

Bundesamt für Naturschutz (2021): „Mehr Flächen für Windenergie" – natur- und landschaftsverträglich verteilet, https://www.natur-und-erneuerbare.de/fileadmin/Daten/Download_Dokumente/ZUR_DEBATTE_Naturschutz_Flaechen_Windenergie_Juni_2021.pdf (08.06.2022).

Bundesministerium des Innern, für Bau und Heimat (2021): Planungsbeschleunigung. Zeitliche Optimierungsmöglichkeiten der Aufstellung/Teilfortschreibung von Regionalplänen, https://www.bbsr.bund.de/BBSR/DE/veroeffentlichungen/ministerien/moro-info/20/moroinfo-20-1-dl.pdf;jsessionid=1216E4D9C7CC0F4D7FDBE796F7A51098.live11294?__blob=publicationFile&v=2 (17.05.2022).

Bundesminsterium für Umwelt, Naturschutz und nukleare Sicherheit (2021): Klimaschutzbericht 2021, https://www.bmuv.de/fileadmin/Daten_BMU/Download_PDF/Klimaschutz/klimaschutzbericht_2021_bf.pdf (07.06.2022).

BMWK – Bundesministerium für Wirtschaft und Klimaschutz (2016): Was bedeutet eigentlich Repowering?, https://www.bmwi-energiewende.de/EWD/Redaktion/Newsletter/2016/08/Meldung/direkt-erklaert.html (21.06.2022).

BMWK – Bundesministerium für Wirtschaft und Klimaschutz (2020): Finanzielle Beteiligung von Kommunen und Bürgern am Betrieb von Windenergieanlagen, https://www.erneuerbare-energien.de/EE/Redaktion/DE/Downloads/eckpunktepapier-finanzielle-beteiligung.pdf?__blob=publicationFile&v=2 (02.06.2022).

BMWK – Bundesministerium für Wirtschaft und Klimaschutz (2021): Die Energie der Zukunft, 8. Monitoring-Bericht zur Energiewende – Berichtsjahre 2018 und 2019, https://www.bmwi.de/Redaktion/DE/Publikationen/Energie/achter-monitoring-bericht-energie-der-zukunft.pdf?__blob=publicationFile&v=32 (22.04.2022).

BMWK – Bundesministerium für Wirtschaft und Klimaschutz (2022a): Treibhausgasemissionen steigen 2021 um 4,5 Prozent, https://www.bmwi.de/Redaktion/DE/Pressemitteilungen/2022/03/20220315-treibhausgasemissionen-stiegen-2021-um-45-prozent.html (22.04.2022).

BMWK – Bundesministerium für Wirtschaft und Klimaschutz (2022b): Eröffnungsbilanz Klimaschutz, https://www.bmwi.de/Redaktion/DE/Downloads/Energie/220111_eroeffnungsbilanz_klimaschutz.pdf?__blob=publicationFile&v=22 (22.04.2022).

BMWK – Bundesministerium für Wirtschaft und Klimaschutz (2022c): Habeck: „Das Osterpaket ist der Beschleuniger für die Erneuerbaren Energien" – Kabinett verabschiedet mit Osterpaket zentrale Gesetzesnovelle für Beschleunigung des Erneuerbaren-Ausbaus, https://www.bmwk.de/Redaktion/DE/Pressemitteilungen/2022/04/20220406-habeck-das-osterpaket-ist-der-beschleuniger-fur-die-erneuerbaren-energien.html (13.05.2022).

BMWK – Bundesministerium für Wirtschaft und Klimaschutz (2022d): Entwurf der Formulierungshilfe für ein Wind-an-Land-Gesetz zur gesetzlichen Umsetzung des 2-Prozent-Flächenziels für Windenergie an Land aus dem Koalitionsvertrag, https://www.bmwk.de/Redaktion/DE/Artikel/Service/Gesetzesvorhaben/entwurf-einer-formulierungshilfe-der-bundesregierung-wind-an-land.html (15.06.2022).

Literaturverzeichnis

BMWK – Bundesministerium für Wirtschaft und Klimaschutz (2022e): Das Erneuerbare-Energien-Gesetz, https://www.erneuerbare-energien.de/EE/Redaktion/DE/Dossier/eeg html?cms_docId=71110 (31.07.2022).

BMWK – Bundesministerium für Wirtschaft und Klimaschutz (2023): Windenergie an Land, https://www.bmwk.de/Redaktion/DE/Dossier/ErneuerbareEnergien/wind-an-land.html (14.10.2023).

Bundesministerium der Justiz (2022a): Baugesetzbuch. §35 Bauen im Außenbereich, https://www.gesetze-im-internet.de/bbaug/__35.html (22.04.2022).

Bundesministerium der Justiz (2022b): Baugesetzbuch. §4a Gemeinsame Vorschriften zur Beteiligung, https://www.gesetze-im-internet.de/bbaug/__4a.html (22.04.2022).

Bundesregierung (2019): CO2-Ausstoß verbindlich senken, https://www.bundesregierung.de/breg-de/themen/klimaschutz/kimaschutzgesetz-beschlossen-1679886 (22.04.2022).

Bundesregierung (2020): Nationale Bioökonomiestrategie, https://www.bmel.de/SharedDocs/Downloads/DE/Broschueren/nationale-biooekonomiestrategie-langfassung.pdf;jsessionid=6E7A5C89AE5B4F20622613AA18831FDC.live921?__blob=publicationFile&v=4 (22.04.2022).

Bundesregierung (2021a): Klimaschutzgesetz 2021 – Generationenvertrag für das Klima, https://www.bundesregierung.de/breg-de/themen/klimaschutz/klimaschutzgesetz-2021-1913672 (22.04.2022).

Bundesregierung (2021b): Deutsche Nachhaltigkeitsstrategie – Weiterentwicklung 2021 – Kurzfassung, https://www.bundesregierung.de/resource/blob/998006/1873556/b84e1a8f091845c8880ffb397d1fe6cb/2021-05-12-dns-2021-kurzfassung-final-barrierefrei-data.pdf?down load=1 (22.04.2022).

Bundesregierung (2023): Der Atomausstieg macht unser Land sicherer, https://www.bundesregierung.de/breg-de/aktuelles/ausstieg-aus-der-kernkraft-2135796 (10.10.2023).

Bundesverband Windenergie (2019): Die Privilegierung der Windenergie im §35 Baugesetzbuch, https://www.wind-energie.de/fileadmin/redaktion/dokumente/publikationen-oeffentlich/themen/01-mensch-und-umwelt/02-planung/20190320_BWE_Positionspapier_zur_Privilegierung_der_Windenergie_im_Baugesetzbuch_.pdf (22.04.2022).

Bundesverband Windenergie (2021): Windenergie in Deutschland. Zahlen und Fakten, https://www.wind-energie.de/themen/zahlen-und-fakten/deutschland/ (22.04.2022).

Bundesverband Windenergie (2022): Der Landesverband Rheinland-Pfalz/Saarland, https://www.wind-energie.de/verband/lvs/rheinland-pfalz-saarland/ (22.06.2022)

Bundesverfassungsgericht (2021): Leitsätze zum Beschluss des Ersten Senats vom 24. März 2021, https://www.bundesverfassungsgericht.de/SharedDocs/Entscheidungen/DE/2021/03/rs20210324_1bvr265618.html (22.04.2022).

Bundesverfassungsgericht (2022): Leitsätze zum Beschluss des Ersten Senats vom 23. März 2022 (Windenergie-Beteiligungsgesellschaften), https://www.bundesverfassungsgerichtde/SharedDocs/Entscheidungen/DE/2022/03/rs20220323_1bvr118717.html. (14.10.2023).

Bundeszentrale für politische Bildung (2022): Deliberation, https://www.bpb.de/kurz-knapp/lexika/das-europalexikon/176777/deliberation/ (17.05.2022).

Bund-Länder-Kooperationsausschuss (2021): Bericht des Bund-Länder-Kooperationsausschusses zum Stand des Ausbaus der erneuerbaren Energien sowie zu Flächen,

Planungen und Genehmigungen für die Windenergienutzung an Land, https://www.bmwk.de/Redaktion/DE/Downloads/E/EEG-Kooperationsausschuss/2021/bericht-bundlaender-kooperationsausschuss-2021.pdf?__blob=publicationFile&v=4 (09.06.2022).

Denzin, N. K. (1970): The ResearchAct. Chicago: Aldine.

Engagement für nachhaltiges Gemeinwohl (2021): Trendanalyse – Engagement und Beteiligung in Deutschland, https://www.uni-muenster.de/imperia/md/content/nachhaltigkeit/2021-04-01_engage_ap2_trendanalyse_arbeitspapier_mit_executive_summary_02.pdf (08.06.2022).

Europäische Kommission (2022): Standard Eurobarometer 96 – Die öffentliche Meinung in der Europäischen Union, https://webgate.ec.europa.eu/ebsm/api/public/deliverable/download?doc=true&deliverableId=81061(09.06.2022).

Fachagentur Windenergie an Land (2018): 20 Jahre Erfahrungen mit der privilegierten Zulässigkeit von Windenergieanlagen im Außenbereich, https://www.fachagentur-windenergie.de/fileadmin/files/Veroeffentlichungen/FA_Wind_Hintergrundpapier_Privilegierung_von_WEA_im_Aussenbereich_02-2018.pdf (18.05.2022).

Fachagentur für Windenergie an Land (2023): Ausbausituation der Windenergie an Land m Jahr 2022, https://www.fachagentur-windenergie.de/fileadmin/files/Veroeffentlichungen/Analysen/FA_Wind_Zubauanalyse_Wind-an-Land_Gesamtjahr_2022.pdf (14.10.2023).

Fink, S., und Ruffing, E. (2015): Legitimation durch Verwaltungsverfahren? Was sich die Politik von Konsultationen beim Stromnetzausbau verspricht. Der moderne Staat – Zeitschrift für Public Policy, Recht und Management, Jahrgang 8, 2/2015, 253–271.

Flick, U. (2010): „Triangulation", in Mey, G.; Mruck, K. (Hrsg.): Handbuch qualitative Forschung in der Psychologie, Wiesbaden: Springer, 2. Auflage, 278–289.

Flick, U. (2011): *Triangulation: Eine Einführung.* Wiesbaden: Verlag für Sozialwissenschaften, 3.Auflage.

Fraune, C.; Knodt, M.; Gölz, S.; Langer, K. (2019): „Einleitung: Akzeptanz und politische Partizipation – Herausforderungen und Chancen der Energiewende", in: Fraune, C.; Knodt, M.; Gölz, S.; Langer, K. (Hrsg.): Akzeptanz und politische Partizipation in der Energietransformation: Gesellschaftliche Herausforderungen jenseits von Technik und Ressourcenausstattung. Wiesbaden: Springer VS, 1–26.

Fraune, C. und Knodt, M. (2019): „Politische Partizipation in der Mehrebenengovernance der Energiewende als institutionelles Beteiligungsparadox", in: Fraune, C.; Knodt, M.; Gölz, S.; Langer, K. (Hrsg.): Akzeptanz und politische Partizipation in der Energietransformation: Gesellschaftliche Herausforderungen jenseits von Technik und Ressourcenausstattung. Wiesbaden: Springer VS, 159–182.

Friesecke, F. (2017): „Aktivierung von beteiligungsschwachen Gruppen in der Stadt- und Quartiersentwicklung", in Bauer, H., Büchner, C., Hajasch, L. (Hrsg.): Partizipation in der Bürgerkommune, Potsdam: Universitätsverlag, 117–138.

Gathmann, M. und Marguier, A. (2021): Würden Sie dieser Frau Ihr Land anvertrauen?, Cicero – Magazin für politische Kultur, 05/2021, 19–25.

Geßner, L und Zeccola, M. (2019): „Akzeptanzfaktoren in der Energiewende und ihre Übertragbarkeit in das Recht", in: Fraune, C.; Knodt, M.; Gölz, S.; Langer, K. (Hrsg.): Akzeptanz und politische Partizipation in der Energietransformation: Gesellschaftliche Herausforderungen jenseits von Technik und Ressourcenausstattung. Wiesbaden: Springer VS, 133–158.

Literaturverzeichnis

Gewerbeaufsicht Baden-Württemberg (2014): Verwaltungsvorschrift der Landesregierung zur Intensivierung der Öffentlichkeitsbeteiligung in Planungs- und Zulassungs-verfahren, https://beteiligungsportal.baden-wuerttemberg.de/fileadmin/redaktion/beteiligungsportal/StM/131217_VwV-Oeffentlichkeitsbeteiligung.pdf (17.05.2022).

Gioia, D. A., Corley, K. G., Hamilton, A. L. (2013): Seeking Qualitative Rigor in Inductive Research. Organizational Research Methods, 16(1), 15–31.

Grabow, B.; Liedtke, C.; von Lojewski, H.; Mutafoglu, K. (2021): Kommunen befähigen, stärken und in den Mittelpunkt rücken, https://www.wpn2030.de/wp-content/uploads/2021/01/wpn2030-Impuls-StS-Ausschuss-Nachhaltige-Stadtentwick lung.pdf (17.05.2022).

Grunwald, A. (2019): „Das Akzeptanzproblem als Folge nicht adäquater Systemgrenzen in der technischen Entwicklung und Planung.", in: Fraune, C.; Knodt, M.; Gölz, S.; Langer, K. (Hrsg.): Akzeptanz und politische Partizipation in der Energietransformation: Gesellschaftliche Herausforderungen jenseits von Technik und Ressourcenausstattung. Wiesbaden: Springer VS, 29–43.

Hoffmann, E., Mohaupt, F. & Ortmanns, M. (2018): Akzeptanz von Speicherdienstleistungen und weiteren Energiedienstleistungen: Stand der Forschung aus sozial- wissenschaftlicher Perspektive. Arbeitspapier Projekt ESQUIRE. Berlin, https://www.esquire-projekt.de/fileadmin/esquire/Dateien/Arbeitspapier_Akzeptanz_von_Speicherdienstleistungen_und_weiteren_Energiedienstleistungen.pdf (31.05.2022).

Horelt, M.-A. und Ewen, C. (2020): „Chancen und Grenzen von informeller Bürgerbeteiligung", in Hentschel, A.; Hornung, G.; Jandt, S. (Hrsg.): Mensch-Technik-Umwelt: Verantwortung für eine sozialverträgliche Zukunft. Baden-Baden: Nomos, 697–716.

Hübner, G.; Pohl, J.; Warode, J.; Gotchev, B.; Ohlhorst, D.; Krug, M.; Salecki, S.; Peters, W. (2020): Akzeptanzfördernde Faktoren Erneuerbarer Energien, https://www.bfn.de/sites/default/files/BfN/service/Dokumente/skripten/skript551.pdf (17.05.2022).

Hussy, W.; Schreier, M.; Echterhoff, G. (2013): Forschungsmethoden in Psychologie und Sozialwissenschaften. Berlin: Springer, 2. Auflage.

IAPP – International Association if Public Participation (2022): Core Values for the Practice of Public Participation, https://iap2canada.ca/foundations (17.05.2022).

IASS – Institut für transformative Nachhaltigkeitsforschung (2020): Soziales Nachhaltigkeitsbarometer der Energiewende 2019, https://www.iass-potsdam.de/sites/default/files/2020-04/Online_IASS_N-barometer_21x21cm_2004 15.pdf (17.05.2022).

Imms, M & Ereaut, G. (2002): An Introduction to Qualitative Market Research. London: Sage.

Impuls (2013): Praxisleitfaden Bürgerbeteiligung – Die Energiewende gemeinsam gestalten, https://www.netzwerk-buergerbeteiligung.de/fileadmin/Inhalte/Bilder/Publikationen/praxisleitfaden_buergerbeteiligung_energiewende_gem_gestalten_mai_2013.pdf (17.05.2022).

Kamlage, J.-H., Nanz, P.; Fleischer, B. (2014): „Bürgerbeteiligung und Energiewende: Dialogorientierte Bürgerbeteiligung im Netzausbau", in Binswanger, H.-C.; Ekardt, F.; Grothe, A.; Hasenclever, W.-D.; Hauchler, I.; Jänicke, M.; Kollmann, K; Michaelis, N.V.; Nutzinger, H.G.; Rogall, H.; Scherhorn, G. (Hrsg.): Viertes Jahrbuch Nachhaltige Ökonomie 2014. Marburg: Metropolis-Verlag, 195–216.

Kersting, S. & Neuerer, D. (2021): Die blockierte Republik – Wie bürokratische Hürden Industrieprojekte in Deutschland bremsen, https://app.handelsblatt.com/politik/deutschland/tesla-fabrik-und-weitere-grossprojekte-die-blockierte-republik-wie-buerokratische-huerden-industrieprojekte-in-deutschland-bremsen/27386244.html (17.05.2021).

Landesamt für Natur, Umwelt und Verbraucherschutz Nordrhein-Westfalen (2020): Daten und Fakten zum Klimawandel – Großlandschaft Eifel, https://www.lanuv.nrw.de/fileadmin/lanuvpubl/1_infoblaetter/LANUV_Klima_Datenblatt_Eifel-WEB.pdf (22.06.2022).

Landesregierung Nordrhein-Westfalen (2023): Nordrhein-Westfalen will bereits 2025 insgesamt 1,8 Prozent der Landesfläche für Windenergie ausweisen, https://www.land.nrw/pressemitteilung/nordrhein-westfalen-will-bereits-2025-insgesamt-18-prozent-der-landesflaeche-fuer#:~:text=Landesregierung%20legt%20Potenzialanalyse%20für%20Windenergieflächen%20vor&text=Bis%20zum%20Jahr%202032%20muss,der%20Landesfläche%20für%20Windenergie%20ausweisen.&text=Staatskanzlei%20Nordrhein%2DWestfalen-,Bis%20zum%20Jahr%202032%20muss%20Nordrhein%2DWestfalen%201%2C8%20Prozent,Ziel%20bereits%20bis%202025%20erfüllen (10.10.2023).

Landesverband Erneuerbare Energien NRW (2021): Erstes Halbjahr 2021: Windausbau in NRW ohne grosse Impulse, https://www.lee-nrw.de/presse/mitteilungen/erstes-halbjahr-2021-wind-ausbau-in-nrw-ohne-grosse-impulse/ (17.05.2022).

Local Energy Consulting (2020): Akzeptanz und lokale Teilhabe in der Energiewende. Handlungsempfehlungen für eine umfassende Akzeptanzpolitik, https://static.agora-energiewende.de/fileadmin/Projekte/2020/2020_07_EE-Akzeptanz/182_A-EW_Akzeptanz-Energiewende_WEB.pdf (16.05.2022).

Lucke, D. (1995): Akzeptanz: Legitimität in der „Abstimmungsgesellschaft". Wiesbaden: Springer VS.

Lübking, U. (2017): „Rechtliche Grundlagen der Bürgerbeteiligung", in Bauer, H., Büchner, C., Hajasch, L. (Hrsg.): Partizipation in der Bürgerkommune. Potsdam: Universitätsverlag, 33–44.

Mautz, R., A. Byzio, und W. Rosenbaum (2008): Auf dem Weg zur Energiewende: die Entwicklung der Stromproduktion aus erneuerbaren Energien in Deutschland. Eine Studie aus dem Soziologischen Forschungsinstitut Göttingen, https://www.ssoar.info/ssoar/bitstream/handle/document/27291/ssoar-2008-mautz_et_al-auf_dem_weg_zur_energiewende.pdf?sequence=1&isAllowed=y&lnkname=ssoar-2008-mautz_et_al-auf_dem_weg_zur_energiewende.pdf (01.08.2022).

Mayring, P. (2010): „Design", in Mey, G.; Mruck, K. (Hrsg.): Handbuch qualitative Forschung in der Psychologie, Wiesbaden: Springer, 2. Auflage, 225–237.

Merkel, W. (2015): "Die Herausforderungen der Demokratie", in Merkel, W. (Hrsg.): Demokratie und Krise. Wiesbaden: Springer Fachmedien, 7–42.

Ministerium des Inneren des Landes Nordrhein-Westfalen (2020): Kommunalwahlen 2020: 51,9 Prozent Wahlbeteiligung – 25 Oberbürgermeister und Landräte gewählt, https://www.im.nrw/kommunalwahlen-2020-519-prozent-wahlbeteiligung-25-oberbuergermeister-und-landraete-gewaehlt (23.06.2022).

Nanz, P. & Fritsche, M. (2012): Handbuch Bürgerbeteiligung – Verfahren und Akteure, Chancen und Grenzen, https://www.bpb.de/system/files/dokument_pdf/Handbuch_Buergerbeteiligung.pdf (17.05.2022).

Neutzner, M. (2019): Kommunales Open Government. Gebrauchsanleitung für eine Utopie, https://www.bmi.bund.de/SharedDocs/downloads/DE/veroeffentlichungen/themen/moderne-verwaltung/leitfaden-modellkommune-open-govt.pdf?__blob=publicationFile&v=1 (17.05.2022).

Newig, J. (2005): „Erleichtert Öffentlichkeitsbeteiligung die Umsetzung (umwelt-) politischer Maßnahmen? Ein Modellansatz zur Erklärung der Implementationseffektivität", in Feindt, P.; Newig, J. (Hrsg.): Partizipation, Öffentlichkeitsbeteiligung, Nachhaltigkeit. Perspektiven der politischen Ökonomie. Marburg: Metropolis Verlag für Ökonomie, 89–116.

Newig, J.; Jager, N.W.; Challies, E.; Kochskämper, E. (2020): "Pathways to Implementation: Evidence on How Participation in Environmental Governance Impacts on Environmental Outcomes", *Journal of Public Administration Research and Theory*, Volume 30, Issue 3, July 2020, 383–399.

NRW.Energy4Climate (2022): Windplanung.Navi, https://tool.energy4climate.nrw/windplanung-navi/phasen.html (16.05.2022).

OECD – Organisation for Economic Co-Operation and Development (2001): Citizens as Partners. OECD handbook on information, consultation and public participation in policy-making, https://www.internationalbudget.org/wp-content/uploads/Citizens-as-Partners-OECD-Handbook.pdf (17.05.2022).

Prieto-Martin, P. (2010): Changing views on participation, https://www.researchgate.net/figure/Pedro-Prieto-Martin-2010-Changing-Views-on-Participation-Comparation-between-the_fig1_328410152 (09.06.2022).

Remer, U. (2020): Partizipative und deliberative Demokratie auf lokaler Ebene. Eine Vermessung der Beteiligungslandschaft Baden-Württembergs. Stuttgart: Springer VS.

Renn, O. (2013): Partizipation bei öffentlichen Planungen. Möglichkeiten, Grenzen, Reformbedarf, in Keil, S.; Thaidigsmann, S.I. (Hrsg.): Zivile Bürgergesellschaft und Demokratie. Wiesbaden: Springer Fachmedien, 71–96.

Renn, O. (2015): Akzeptanz und Energiewende. Bürgerbeteiligung als Voraussetzung für gelingende Transformationsprozesse, Jahrbuch für Christliche Sozialwissenschaften, Jahr 2015, Band 56, 133–154.

Renn, O. & Hildebrand, J. (2019): „Akzeptanz in der Energiewende", in Radtke, J.; Canzler, W. (Hrsg.): Energiewende. Wiesbaden: Springer VS, 261–282.

Richter, I. (2016): Bürgerbeteiligung in der Energiewende – Grundlagen für eine systematische Erfassung der Beteiligungspraxis: Abschlussbericht zu Modul B (Bestandsaufnahme) des Forschungsprojektes DEMOENERGIE – Die Transformation des Energiesystems als Treiber demokratischer Innovationen. Potsdam Institute for Advanced Sustainability Studies (IASS), https://nbn-resolving.org/urn:nbn:de:0168-ssoar-47310-8 (22.04.2022).

Riedel, H. (2020): Wirkungsorientiertes Nachhaltigkeitsmanagement in Kommunen – Einflussfaktoren und Effekte der Nutzung von Indikatoren, Bertelsmannstiftung, https://www.bertelsmann-stiftung.de/fileadmin/files/Projekte/Monitor_Nachhaltige_Kommune/Wirkungsorientiertes_Nachhaltigkeitsmanagement_final.pdf (17.05.2022).

Rohr, J.; Ehlert, H.; Möller, B.; Hörster, S.; Hoppe, M. (2017): Impulse zur Bürgerbeteiligung vor allem unter Inklusionsaspekten – empirische Befragungen, dialogische Auswertungen, Synthese praxistauglicher Empfehlungen zu Beteiligungsprozessen, https://www.umweltbundesamt.de/sites/default/files/medien/1410/publikationen/2017-05-08_texte_36-2017_impulse-buergerbeteiligung_0.pdf (17.05.2022).

Sachverständigenrat für Umweltfragen (2020): Für eine entschlossene Umweltpolitik in Deutschland und Europa, https://www.umweltrat.de/SharedDocs/Downloads/DE/01_Umweltgutachten/2016_2020/2020_Umweltgutachten_Kurzfassung.pdf?__blob=publicationFile&v=5 (07.06.2022).

Schäfer, M. & Keppler, D. (2013): Modelle der technikorientierten Akzeptanzforschung. Überblick und Reflexion am Beispiel eines Forschungsprojekts zur Implementierung innovativer technischer Energieeffizienz-Maßnahmen, Diskussionspapier Zentrum Technik und Gesellschaft, Volume 34, 12/2013.

Schreier, M. (2010): „Fallauswahl", in Mey, G. & Mruck, K. (Hrsg.): Handbuch qualitative Forschung in der Psychologie. Wiesbaden: VS Verlag für Sozialwissenschaften, 238–251.

Schumann, S. (2018): Quantitative und qualitative empirische Forschung. Ein Diskussionsbeitrag. Wiesbaden: Springer Fachmedien.

Schweizer, P.-J.; Renn, O. (2013): Partizipation in Technikkontroversen: Panakeia für die Energiewende?, Zeitschrift für Technikfolgenabschätzung in Theorie und Praxis, 02/2013, Volume 22, 42–47.

Schweizer-Ries, P., Rau, I. & Hildebrand, J. (2012): „Participation Strategies – the silver bullet for public acceptance", in Kabisch, S, Kunath, A., Schweizer-Ries, P. & Steinführer, A. (Hrsg.): Vulnerability, Risk and Complexity: Impacts of Global Change on Human Habitats. Leipzig: Hogrefe, 177–192.

Schweizer-Ries, P., Rau, I. & Hildebrand, J. (2018): „Akzeptanz und Beteiligung: Ein ungleiches Paar", in Holstenkamp, L. & Radtke, J. (Hrsg.): Handbuch Energiewende und Partizipation. Wiesbaden: Springer Fachmedien, 195–210.

Sippel, H.-J. (2017): „Auf dem Weg zu einer (neuen) politischen Kultur der Beteiligung", in Bauer, H., Büchner, C., Hajasch, L. (Hrsg.): Partizipation in der Bürgerkommune. Potsdam: Universitätsverlag, 81–102.

Spiegel (2022): Habecks Eröffnungsbilanz zum Klimaschutz – Wir starten mit einem gehörigen Rückstand, https://www.spiegel.de/politik/robert-habeck-gruene-zum-klimaschutz-wir-starten-mit-einem-gehoerigen-rueckstand-a-759d778a-511a-4ef7-ad82-ac7b4abdcb35 (17.05.2022).

Statistisches Bundesamt (2022): Stromerzeugung im ersten Quartal 2022: Kohle weiterhin wichtigster Energieträger, https://www.destatis.de/DE/Presse/Pressemitteilungen/2022/06/PD22_233_43312.html (01.08.2022).

Stiftung Klimaneutralität (2021): Wie kann die Verfügbarkeit von Flächen für die Windenergie an Land schnell und rechtssicher erhöht werden?, https://www.stiftung-klima.de/app/uploads/2021/01/2021-01-27-Flaechen-fuer-Wind-Vorschlag-Stiftung-Klimaneutralitaet.pdf (17.05.2022).

Stratmann, K. (2021): Stiftung empfiehlt zwei Prozent der Landesfläche für die Windkraft, https://www.handelsblatt.com/politik/deutschland/erneuerbare-energien-stiftung-empfiehlt-zwei-prozent-der-landesflaeche-fuer-die-windkraft/26862326.html?ticket=ST-5275085-l0bjKXJF2D24MX9rnzeM-ap1 (17.05.2022).

SWR – Südwestrundfunk (2019): Kommunalwahl Rheinland-Pfalz – Landesweites Wahlergebnis und Ergebnis der Städte, https://www.swr.de/swraktuell/wahl/rp/kommunalwahl-2019/ergebnis-kw-rp-102.html (23.06.2022).

Literaturverzeichnis

SWR – Südwestrundfunk (2022): Aktuelle Zahlen zum Windkraftausbau. 100 neue Windräder jährlich? Wie will RLP das schaffen?, https://www.swr.de/swraktuell/rheinland-pfalz/ist-windkraftausbau-in-rlp-zu-schaffen-100.html (17.05.2022).

Thomassen, J. & van Ham, C. (2017): "A Legitimacy Crisis of Representative Democracy?", in: van Ham, C.; Thomassen, J.; Aarts, K. & Andeweg, R.B. (Hrsg.): Myth and reality of the legitimacy crisis. Oxford: Oxford University Press, 3–16.

Umweltbundesamt (2020): Planungsebenen, Planungsräume – Stufen der räumlichen Planung, https://www.umweltbundesamt.de/themen/nachhaltigkeit-strategien-internationales/planungsinstrumente/planungsebenen-planungsraeume-stufen-der#bundesebene. (17.05.2022).

Umweltrat (2020): Pariser Klimaziele erreichen mit dem CO2-Budget, https://www.umweltrat.de/SharedDocs/Downloads/DE/01_Umweltgutachten/2016_2020/2020_Umweltgutachten_Kap_02_Pariser_Klimaziele.pdf?__blob=publicationFile&v=22 (07.06.2022).

Verbrauchs- und Medienanalyse (2016): Konsumenten punktgenau erreichen. VuMa 2016, https://www.vuma.de/fileadmin/user_upload/PDF/berichtsbaende/VuMA_2016_Berichtsband.pdf (08.06.2022).

Verbrauchs- und Medienanalyse (2020): Konsumenten punktgenau erreichen, VuMa 2020, https://www.vuma.de/fileadmin/user_upload/PDF/berichtsbaende/VuMA_Berichtsband_2020.pdf (08.06.2022) (08.06.2022).

VDI – Verein Deutscher Ingenieure (2014): VDI-Richtlinie 7001 – Kommunikation und Öffentlichkeitsbeteiligung bei Planung und Bau von Infrastrukturprojekten. Standards für die Leistungsphasen der Ingenieure. Berlin: Beuth Verlag.

VDI – Verein Deutscher Ingenieure (2022): Leitbild, Verein und Gruppe – Über Uns, https://www.vdi.de/ueber-uns (17.05.2022).

Wissenschaftlicher Dienst des Deutschen Bundestages (2019): Bürgerbeteiligungsverfahren und Expertenkommissionen, https://www.bundestag.de/resource/blob/865470/070016a819ac4111f2b9d61b0acbc19f/WD-3-137-21-pdf-data.pdf (09.06.2022).

Wolsink, M. (2018): „Social acceptance revisited: gaps, questionable trends, and an auspicious perspective", Energy Research & Social Science, Volume 46, December 2018, 287–295.

Wüstenhagen, R., Wolsink, M. & Bürer, M.J. (2007): „Social acceptance of renewable energy innovation: An introduction to the concept", Energy Policy, Volume 35, Issue 5, May 2007, 2683–2691.

Zeit (2021): Klimaschutzgesetz ist in Teilen verfassungswidrig, https://www.zeit.de/wissen/umwelt/2021-04/klimaschutzgesetz-ist-in-teilen-verfassungswidrig (17.05.2022).

Zeit (2022): Länder sollen liefern: Bund will deutlich mehr Windräder, https://www.zeit.de/news/2022-06/08/laender-sollen-liefern-bund-will-deutlich-mehr-windraeder (28.06.2022).

Ziekow, J. (2012): Neue Formen der Bürgerbeteiligung? Planung und Zulassung von Projekten in der parlamentarischen Demokratie. München: Beck.

Zoellner, J., Schweizer-Ries, P., & Rau, I. (2009): Akzeptanz Erneuerbarer Energien und sozialwissenschaftliche Fragen. Projektabschlussbericht, https://edocs.tib.eu/files/e01fb09/612638286.pdf (26.06.2022).

Zoellner, J., Schweizer-Ries, P., & Rau, I. (2011): „Akzeptanz Erneuerbarer Energien", in Müller T. (Hrsg.): 20 Jahre Recht der Erneuerbaren Energien. Baden-Baden: Nomos Verlagsgesellschaft, 91–10

Printed in the USA
CPSIA information can be obtained
at www.ICGtesting.com
LVHW010737181223
766731LV00006B/352

9 783658 435875